Victor H. Orozco
Toronto Sept. 5 2010

KOTZIG PUBLISHING

2505 NW Boca Raton Blvd, Suite 205
Boca Raton, Florida 33431, USA
1 561 361 0099
www.graciadevida.com
encuentros@graciadevida.com

A Nelly Johnson, mi querida madre, por su amor, apoyo y oraciones.

A la memoria de mi padre, Santiago Johnson, y

A la memoria de mi hermano, Jimmy Johnson.

Prefacio

La Biblia misma dice que la Palabra de Dios es viva y eficaz; no sólo eso, sino que es más cortante que una espada de dos filos (Hebreos 4:12).

En este libro relato las experiencias sucedidas en mi vida de creer y experimentar la Palabra de Dios. Es mi deseo que tú la puedas aplicar también a tú vida. A lo mejor alguna de las personas que menciona el libro, tiene una vida parecida a la tuya, o pasó por un problema semejante al que estás pasando ahora. Si es así, acude al mismo Dios que ellos acudieron. Aquél Dios lleno de amor y misericordia, que siempre espera como aquél padre que esperó al hijo pródigo, con los brazos abiertos.

Son muchas las personas que he visto como Dios los ha tocado; algunos, en una forma rápida y sorpresiva; a otros, de una manera lenta y efectiva, pero al final los resultados han sido los mismos. Aquellos que fueron tocados y continuan en los caminos de Dios, siguen siendo diademas en Sus manos.

Espero que puedas encontrar en estas páginas lo que tanto estás buscando.

Douglas Johnson

Contenido

Encuentro 1

Si alguna vez haz pensado, que porque todo lo que haces esta mal, y te va mal Dios no quiere saber nada contigo. Verás en el testimonio de Miguel, que Dios siempre está esperando a que tú quieras comunicarte con Él. Lamentablemente, la mayoría de veces sólo queremos comunicarnos con Él, cuando es nuestro último recurso. Al final, lo importante es que clamaste su Nombre, y ten la seguridad que Él te contestará. En el caso de Miguel, titulé su encuentro "Llamado en el Desierto", porque fue allí que sucedió.

LLAMADO EN EL DESIERTO

"Entonces tus oídos oirán a tus espaldas palabras que diga: Este es el camino, andad por él; y no echéis a la mano derecha, ni tampoco torzáis a la mano izquierda." Isaías 30:21

Cuando Miguel se encontró conmigo él estaba muy confundido, no podía explicar lo que le había pasado, era una experiencia totalmente extraña. Estando en el ejército, Miguel se había dedicado a introducir drogas dentro de las filas de esta institución, desarrolló una red de narcotráfico dentro del cuerpo encargado de luchar contra las

drogas. Cuando fue descubierto, por las relaciones que tenía de alto rango, y teniendo conocimiento de todos los que consumían drogas, que incluían oficiales, subalternos e incluso empleados civiles del ejército, información que sería dañina a la moral e integridad de la institución, el ejercito tuvo temor de encerrarlo en una cárcel y que al final sus comentarios revelaran tan fragante realidad.
Fue así que decidieron desaparecerlo del alcance del público.

Miguel, fue llevado por unos policías militares al Country Club de verano para oficiales del ejército, un hermoso lugar rodeado de playas pero lejos de la ciudad, lejos de los reporteros y de miradas curiosas. Lo cuidaban unos cuantos soldados que estaban bajo el mando del Coronel director del Club. Dicho Coronel tenía órdenes estrictas de no dejarlo salir, por lo cual era custodiado veinticuatro horas al día. Pasó el tiempo y lo que se imaginaban que era un ser sin escrúpulos y malvado, resultó que era la persona más simpática y agradable que habían podido conocer. Hacía chistes, guardaba de lo que le daban y se los regalaba a los soldados. Era fácil comprender como era que se había infiltrado en las rígidas filas del ejército, su simpatía abría cualquier puerta.

Tanto gustaba su manera de ser que llegó ha ser íntimo amigo de los hijos del coronel. Su manera de hablar y lo relajado que era, hacía que la disciplina militar se viera anticuada y obsoleta. Y como los hijos y la esposa del coronel ya estaban hartos de tanto grito militar, hicieron de Miguel su líder espiritual. Así que era común verlos andar y sonreír en la playa hasta altas horas de la madrugada, desobedeciendo las órdenes del coronel, de acostarse temprano, y al día siguiente levantarse con el alba junto con los soldados. Lo cual no podían cumplir porque estaban cansados de haber pasado toda la noche al lado de Miguel, su amigo preferido.

El coronel en un acto de ira, tomó a Miguel con unos soldados, lo subió a un carro militar manejó unas cuantas horas y lo dejó abandonado en una carretera donde lo único que se veía para uno y otro lado era arena. Estaba sólo y sin recursos en medio de un desierto. Comenzó a caminar siguiendo la ruta en espera que alguién lo viera, pasaron muchas horas sin que nadie pasara, y por primera vez se le ocurrió dirijirse a Dios en oración. Luego guardó silencio y siguió caminando, tenía sed y el único líquido que veía eran las lágrimas que brotaban de sus ojos. En eso según él, escuchó una voz a sus espaldas, bien clara que le decía: "No te preocupes yo te guiaré". A partir de ese momento dice que caminó con seguridad que encontraría algo y así fué. Pasó un carro y lo llevaron a la ciudad.

Ya en la ciudad le entró un deseo grande de comprar una biblia y comenzarla a leer, lo cual hizo, pasó un tiempo y nos encontramos en una reunión. Él me dice que vió algo diferente en mí y por eso se acercó y se presentó. Me contó lo que le había pasado y que siempre al contarles a diferentes personas de su familia, todos lo había considerado loco. Y ya nadie quería hablar del tema pero el seguía sintiendo el querer saber más de Dios. Le dije, Miguel no te sientas mal de tú experiencia, para tus familiares es difícil comprender que Dios te pueda amar después de todo lo que haz hecho, pero la Biblia dice que Jesús murió por nosotros aun cuando eramos pecadores, y de esa voz en el camino, en Isaías 30:21 dice: *"Entonces tus oídos oíran a tus espaldas palabra que diga: Este es el camino, andad por él."* y en cuanto al deseo de querer comprar una biblia y saber más de Dios la Palabra de Dios dice: *"Porque Dios es el que en vosotros produce así el querer como el hacer, por su buena voluntad.",* Filipenses 2:13. Ahora depende de tí el seguir obedeciendo. Se quedó totalmente sorprendido que por primera vez no lo tildaran de loco, sino que le dijeran que Dios lo ama, y no sólo eso, sino que Dios lo ama tanto que lo dirije y pone en su corazón el servirlo. Miguel se entregó al Señor y luego lo bauticé. Tal vez tú estés pasando por un desierto en tú vida y sientes que Dios te está tratando de dirijir. Escucha su voz ahora mismo. El dice: *"He aquí, Yo estoy a la puerta y llamo; si alguno oye mi voz y abre la puerta, entraré a él y cenaré con él y él conmigo"* Apocalipsis 3:20. Abrele tú corazón.

Encuentro 2

Salomón fue una de las personas que más me han impresionado por su deseo de compartir la Palabra de Dios. A tiempo y a destiempo, como dice la Biblia, Salomón siempre hablaba del Señor y su pronta venida. Un día sucedió algo en su vida que le hizo entender porque Dios había puesto ese gran deseo en su corazón. Tal vez tú también tienes el deseo de hablarles a otros de Dios, y no te explicas porque las otras personas no lo tienen. Será tal vez, porque el Señor piensa utilizarte como utilizó a Salomón, y pronto estarás recibiendo instrucciones para algo más específico. En el caso de Salomón fue un "Sueño de Advertencia."

SUEÑOS DE ADVERTENCIA

"En tiempo aceptable te he oído y en día de salvación te he socorrido, He aquí ahora el tiempo aceptable; he aquí ahora el día de salvación" 2Corintios 6:2

Estaba escuchando sus historia por horas, era nuevo creyente y me gustaba estar rodeado de hermanos que contaran sus experiencias en el campo de batalla, escuchaba sobre milagros en la cárcel, el primer sermón de un pastor, sanidad en las casas, tantas historias, tal vez algunas sazonadas con espectacularidad, pero otras cargadas de triste realismo. Era como si el Señor supiera que yo iba a tener programas en la radio y que más adelante iba a necesitar de todas estas historias necesarias para poder ilustrar las verdades bíblicas. Fue en una de esas reuniones que escuché a Salomón, no el personaje bíblico, sino un amigo veterano de la guerra con Vietnam, que siempre se gozaba de contar lo que Dios había hecho en su vida, y como lo había conocido. Pero, Salomón, nunca hablaba de Vietnam y por lo que había pasado en esa cruel guerra. Sus historias productos de andar con el Señor creo que eran las que más realismo traían, le interesaba mucho poner fechas y acontecimientos que respaldaran lo que el dijera. Las desarrollaba detalle por detalle, dejando a todos con la boca abierta, y siempre terminaba con una invitación, y aunque supiera que todos los que estabamos allí conocían al Señor, el terminaba diciendo que era el tiempo aceptable; he aquí el día de salvación.

Al preguntarle por qué hacía esto, la respuesta me sorprendió: "Hace tres años" me dijo "fuimos a la ciudad de Piura (Perú), a abrir una misión, trabajamos todos los días bien fuerte, el cariño y la simpatía de los piuranos te hacía el trabajo más grato. En pocas semanas ya teníamos algunos discípulos. Una noche muy calurosa, fui a la cama rendido y me quedé dormido, en eso en mis sueños escuché una voz que me llamaba, era clara, decía mi nombre fuerte, como si tuviera que atender algo urgente; ¡Salomón!, en mi sueño respondí como lo hiciera Samuel, ¡heme aquí Señor! La voz me dijo que tenía que ir a predicar a una manzana entera de la ciudad, tenía que tocar puerta por puerta, sin importar si abrían o no, pero si, tocar con insistencia. Y al que abriere explicarle claramente el evangelio de salvación, con ruego y urgencia, diciéndole: he aquí ahora el día de salvación.

Las direcciones para encontrar la manzana que tenía que predicar eran exactas, en el sueño se me reveló las cuatro calles que formaban esta manzana. A la mañana siguiente me levante muy temprano y fuí a hacer lo que yo pensé el Señor me había dicho a través de este sueño. Todo el día me la pasé tocando puertas, incluso a la hora de almuerzo, pareciera que mis fuerzas vinieran a mí como si hubiera comido un manjar, sin haber probado un bocado. Muchos me abrieron sus puertas y muchos aceptaron al Señor. Yo mismo estaba sorprendido, incluso me preguntaba porque no habíamos hecho esto antes. Niños, jóvenes, ancianos, muchos aceptaban al Señor.

Las personas, entendían de una manera sorprendente que Dios los amaba y quería que tuvieran vida eterna, pero que sus pecados los separaban, y no podían hacer nada con esto, pero que Él en su misericordia había mandado a su Hijo para que diera su vida por nosotros, ahora lo único que tenían que hacer es arrepentirse de sus pecados y aceptar a Jesucristo como Señor y Salvador, y siempre terminaba obediente al mandato en mi sueño: *HE AQUÍ AHORA EL DÍA DE SALVACIÓN.* Los resultados fueron fantásticos, pero muchos no abrieron sus puertas y muchos incluso no abrieron su corazón. Después de terminar con la última puerta como a las diez de la noche, fuí a comer algo y a dormir. Esa noche dormí como un lirón.

Al despertarme como era de costumbre puse las noticias, y al escucharlas casi se me paraliza el corazón, un avión mirage de la Fuerzas Aereas, en vuelo de práctica había perdido el control y había caído en la ciudad destruyendo una manzana entera, la manzana a la cual le había predicado yo." Salomón ha sido mi inspiración en continuar escribiendo y tener Cambio Total (nuestro programa de radio), y siempre terminar con la misma expresión bíblica que usara mi amigo: *HE*

AQUÍ AHORA EL DÍA DE SALVACIÓN, piensa lo hermoso que sería andar con el Señor, escuchar su voz y hablarles a otros de Él, de repente el Señor te está llamado hoy para que le sirvas, o de repente simplementte te quiere decir: *HE AQUÍ EL DÍA DE SALVACIÓN.* Que Dios te bendiga.

Encuentro 3

Muchos descansamos en la seguridad de que todo está bien en nuestras vidas. Damos por sentado que esto será por siempre, ignorando que la mente y comportamiento humano en cualquier momento da giros inesperados. Estos giros, pueden cambiar totalmente nuestras vidas en un sólo día. Esto sucedió con Angel, y su vida cayó en espiral sin fin. Vemos en su testimonio, como Dios, movió diferentes personas y manejó ciertas circunstancias, para que Angel conocierá Aquél que lo podía rescatar de un vida cuesta abajo. Fue así como Dios rescató a Angel en St. Petersburg.

RESCATE EN ST. PETERSBURG

"Habiendo yo sido antes blasfemo, perseguidor e injuriador; más fui recibido a misericordia porque lo hice por ignorancia, en incredulidad" 1 Timoteo 1:13

¿Puede cambiar tú vida en un instante? Tenlo por seguro, ¿Pueden hacerse humo en un minuto, tus sueños y visiones? Sin duda alguna. Esto te lo puede asegurar Angel. Saliendo a las cinco de la tarde con rumbo a su trabajo, donde pasaría toda la noche, después de haberse despedido de su esposa y darle un beso a su hijito de un año de edad, un vecino se le acercó y le dijo algo que le extrañó en sobremanera: "Amigo" le dijo "déjeme darle un consejo, regrese dentro de dos horas a su departamento y se encontrará con una sorpresa." Al principio no pensó hacerle caso, pero lo que había escuchado no lo dejaba tranquilo, se había grabado en su cabeza, sobre todo las últimas palabras: "y se encontrará con una sorpresa".

Esta inquietud fue la que lo puso a Angel delante de su jefe, para pedirle permiso para regresar a su casa, el jefe consintió, y Angel fue casi volando a su casa. Al llegar muy sigilosamente entró a su departamento, sin que nadie lo notara, primero pasó por el dormitorio del bebé y lo vió durmiendo y al llegar a su dormitorio se encontró con la gran sorpresa. Encontró a su esposa en adulterio, con el administrador del edificio. Sin pensarlo tomó un cuchillo de la cocina, y le cortó el abdomen al intruso, gracias a Dios que fue un corte superficial, pero impresionate por la sangre que emanaba. Angel salío corriendo del departamento y comenzó a vagar por la ciudad, ese fue el día en que en un instante se convirtió en un vagabundo sin dirección, parando de bar en bar, y con mala junta que pudiera encontrar.

Angel en su caminar sin rumbo llegó a pasar por todo vicio imaginable, llegando un día en su desesperación a extraerse con una tenaza los dos dientes incisivos, una de las piezas dentales más difíciles de sacar. Este camino desenfrenado duró casi 15 años, hasta que su aspecto totalmente desmejorado, comenzó a dar lástima a sus familiares los cuales comenzarón a orar por él, y él a huír de ellos, de New York llegó a St Petersurg, Florida, donde tocó el fondo del pozó en que se había metido, y allí el mismo alzó los ojos al Señor pidiendo por ayuda. Al mismo momento que el hacía esta oración, yo estaba entrenando tres damas de la iglesia a hacer visitación y explicar el evangelio en una manera clara y ordenada. Antes de que ellas salieran por su cuenta, me tenían que acompañar a una visitación donde yo explicaría el evangelio, mientras ellas observaban y aprendían en vivo y en directo el orden de la exposición.

Al tocar la puerta de la casa que habíamos escogido, nos abrió una persona en ropa interior con un rostro demacrado, mostrando la angustia por la que atravezaba, era Angel. Se asombró de mis primeras palabras. Como estabamos con damas, le dije que por favor se vistiera propiamente que quisieramos hacerle una visita ya que teníamos que compartir con él algo muy importante. Más sorprendido me quedé yo cuando el accedió, fue se cambió y nos hizo pasar. Sin esperar mucho comencé a hablarle del amor de Dios y el propósito para su vida. Nunca ví en mi vida una persona con tanta hambre y necesidad del Señor, no paraba de llorar y decir ¡sí!, a todo con una sonrisa nerviosa. Al final hicimos la oración y podríamos ser testigo de que todo aquel que cree en el Señor pasa de vida a muerte.

Ese rostro demacrado comenzó a alumbrarse, no había duda que el Señor lo había tomado como hijo. Y ahora era una nueva críatura. Angel es uno de los mejores diáconos que he tenido en mi ministerio pastoral. A los dos años de estar en la iglesia tuvo contacto con su hijo, y le comenzó a dar todo su amor, no sólo eso sino que le pagó todos los años que no le había pasado ninguna mantención. Angel quería redimir el tiempo y su error, perdonó a su ex esposa y la comenzó a consejar en los caminos del Señor. Podía ver en Angel lo que el apóstol Pablo dijo, refiriéndose a él:

"Doy gracias al que me fortaleció, a Cristo Jesús nuestro Señor, porque me tuvo por fiel, poniéndome en el ministerio, habiendo yo sido antes blasfemo, perseguidor e injuriador; más fui recibido a misericordia porque lo hice por ignorancia, en incredulidad. Pero la gracias

> *de nuestro Señor fue más abundante con la fé*
> *y el amor que es en Cristo Jesús."*
> *1 Timoteo 1:12,13*

Angel fue rescatado en St. Petersburg, tal vez hoy día el Señor quiere tocarte donde estás. Acuerdate la Biblia dice que en las manos de Dios seremos diademas, Deja que Él te toque.

Encuentro 4

Tú no puedes evitar que tus hijos pasen por pruebas. Pero lo que si puedes evitar es que estas pruebas te tomen desprevenido. Ya que te puedes proveer de la Palabra de Dios, la cual te será de mucha utilidad cuando tú hijo pase por extremas necesidades. Desde mi experiencia con Chuchi, no dejo de ir a ningún sitio sin una Biblia en mis manos. He descubierto que su simple lectura hace maravillas. Es así como Chuchi fue rescatado del Palm Spring Hospital.

RESCATE EN EL PALM SPRING HOSPITAL

"Porque la Palabra de Dios es viva y eficaz, y más cortante que toda espada de dos filos; y penetra hasta partir el alma y el espíritu, las coyunturas y los tuétanos, y discierne los pensamientos y lasintenciones del corazón." Hebreos 4:12

Cuando la pasión toca la puerta del corazón de un joven, le es bien difícil discernir, si es verdadero amor o simplemente una atracción física, y muchas veces sin tomar la decisión más sabia, se embarcan en una relación íntima que después trae consecuencias graves, para uno o para ambos. Esto fue lo que pasó con Chuchi hijo de una bella pareja de la Iglesia. Él estableció una relación con amigos que sólo le ofrecían una vida desordenada, el se entregó por completo a estas amistades, los cuales no tardaron en decepcionarlo, causándole gran confusión, que más tarde lo llevaría a una depresión, y de allí al médico.

El especialista le prescribió unas pastillas para dormir, la dosis era de media pastilla al acostarse. En medio de su confusión el decidió tomar todas juntas, cayendo en coma y terminando en cuidado intensivos del hospital, con un diagnóstico nada alentador. Camino al hospital iba orando por Chuchi y su hermosa familia. Al llegar me dieron la noticia de la gravedad del caso, Chuchi estaba en la cama con los ojos en blanco. Pedí a la familia que me dejaran un momento a solas con él. Ya sólo comencé a clamar por Chuchi, y el Señor puso en mi corazón el leerle un salmo, específicamente el Salmo 51, aquel Salmo en que David se arrepintió después de haber pecado contra el Señor; aquel Salmo, en que David le pide a Dios que le devuelva el gozo de su salvación y le promete que le enseñará el camino a los transgresores. Se lo leí en voz alta, y paraba entre versículos indicándole que había pecado contra el Señor. Los ojos de Chuchi seguían blancos, su cuerpo sin movimiento, de afuera no se apreciaba lo que la Palabra Viva del Señor estaba haciendo.

De algo, yo estaba seguro, de que nunca había leído el salmo 51 con tal ardor y nunca con tanto significado para mí. Termine el Salmo y me dispuse a orar por Chuchi, clamando al Señor que hiciera su obra en él y extendiera su mano poderosa, y que le diera una oportunidad más, para que su vida sea una alabanza. Salí convencido que de alguna manera u otra mi oración había llegado al trono del Señor y que Chuchi me había escuchado. Salí y me despedí de sus padres y hermano. Subí a mi carro y a las pocas millas de estar manejando sonó mi teléfono celular, pensé lo peor, Chuchi se nos fue, dije entre mi.

La llamada era del hospital, su mamá al regresar al cuarto se sentó a su lado para orar, en eso escuchó la voz de Chuchi, el cual le pedía que le alcanzara su Biblia, y la abriera en el salmo 51, juntos los volvieron a leer y Chuchi comenzó a llorar en arrepentimiento. El Señor rescató a Chuchi para su obra, y digo para su obra, porque Chuchi desde que salió del hospital se ha dedicado a servir al Señor, no sólo eso sino que ahora esta preparandose para ser diácono en nuestra iglesia, y su memoria a mejorado tanto que es uno de los que ha aprendido más versículos de memoria.

Chuchi trabaja ahora en un hospital, a la vez que visita a los enfermos ministrándolos. Su vida es ahora una alabanza al Señor. Se que los caminos del Señor son más altos que los nuestros, y que él obra en la manera que el quiera, pero he aprendido a compartir la Palabra Viva de Dios con todos los enfermos que visito, y cada vez que lo hago me quedo sorprendido lo penetrante que es la Palabra de Dios. Si tienes algún familiar enfermo, visítalo con la Palabra de Dios y ora por él, te maravillará lo que hará el Señor con ella. Él prometió que su Palabra nunca regresaría vacía. A la vez que la lees haz lo que aconseja el apóstol Pablo: *"Orando en todo tiempo con toda oración y súplica en el Espíritu, y velando en ello con toda perseverancia y súplica por todos los santos."*

El día que le leí el Salmo 51 a Chuchi, tenía una paz y una seguridad que Dios iba a responder de alguna manera grande y maravillosa, como el siempre lo hace. Acuérdate, Dios ya te dió toda la armadura que necesitas para triunfar contra los males del mundo, pero la única arma de ataque es la Espada del Espíritu Santo, que es la Palabra de Dios. Úsala.

Encuentro 5

El amor de Dios es difícil de entender. En mi caso fue a través de una serie de eventos en que pude entender lo que significa el amor de padre a hijo, para después relacionarlo con el amor de Dios. Esta historia que vas a leer me acompaña por más de veinte años, la he compartido en todo lugar, y siempre ha sido de bendición. Es mi oración que puedas entender el gran amor de Dios para con nosotros a través de estas lineas. El hacerlo cambiara por completo tú vida.

EL INMENSURABLE AMOR DE DIOS "*Porque de tal manera amó Dios al mundo, que ha dado a su Hijo unigénito, para que todo aquel que en El cree, no se pierda, mas tenga vida eterna.*" *(Juan 3:16)*

Celestino Gonzales fue uno de los pastores que más admiré, aunque lo conocí cuando el ya estaba retirado del pastorado, el seguía amando al Señor y su obra, como su Palabra. Junto a su esposa Piedad ellos eran ejemplo de amor y comprensión. Poco antes de morir este siervo de Dios me enseñó una canción que impresionó grandemente mi alabanza, tanto personal como en la Iglesia. La canción dice así: *DIOS GRANDE ES TU AMOR, TU GRAN AMOR POR MI, ADMIRABLE AMOR QUE*

*DURARÁ SIN FIN, ES DIVINO Y SANTO,
ANCHO CUAL ES EL MAR, ALTO MAS QUE
LOS CIELOS ES TU AMOR POR MI.*

El sólo alabarlo por lo grande que era su amor me
hacía sentir, protejido y lleno de su misericordia.
Pienso que lo más grande que le puede pasar a
un ser humano es llegar a tener la revelación de
que Dios lo ama. Y aunque no lo creas el mayor
problema que enfrentan creyentes y no creyentes
es tener la certeza de que Dios los ama. Si nuestro
corazón, tuviera la certeza de lo grande y hermoso
que fue su amor, nosotros lo podríamos dar a otros.
La biblia nos enseña que el Señor mismo implantó
ese amor en nuestros corazones, por medio del
Espíritu Santo.

Mi primer encuentro con el amor de Dios fue
después de un tragico pasaje en la vida de mi
familia. Un día llegando a mi casa vi que mis padres
salían apurados, y un vecino los llevaba en su carro,
mi mamá me alcanzó a decir: "Jimmy tuvo un
accidente y está en el hospital". Apuradamente dejé
mis cosas y partí hacia al hospital. Cuando llegué
me enteré que el accidente había sido fatal. Jimmy,
mi hermano mayor, cuando estaba manejando a
través de un barrio populoso, se encontró con una
difícil situación, un niño cruzó la carretera, y sólo

había dos manera de evitarlo, virar a la izquierda donde había mucha gente esperando cruzar la carretera, o esquivar hacia la derecha donde a varios metros de profundidad se encontraba un río rocoso. Mi hermano esquivó a la derecha y el carro al caer al río se partió en dos, él quedó inconciente y con la cabeza sumergida en el agua. Un niño, se acercó a mi hermano y le levantó la cabeza y con la ayuda de su hermanito lo llevaron hasta la orilla, donde llegó la ambulancia que lo transportó al hospital.

El ver a mi hermano en el hospital, para mi fue impresionante, tenía la cabeza afeitada, y había perdido una oreja, además que tenía un tubo drenándole barro del pulmón. Mi madre estaba al lado de él llamándole por su nombre, Jimmy, Jimmy, con gran amor y ternura. Él nunca respondió y al tercer día falleció. Antes de fallecer mi hermano, en el segundo día, cuando mi madre lo estaba acariciando, yo dentro de mí pensé que ella estaba sufriendo mucho, ya que poco antes ella había tenido un derrame cerebral, y su salud podía perjudicarse. Así que le dije: "mamá será mejor que vayamos a la casa y descanses un poco" pero ella no escuchaba mis ruegos. En una de mis súplicas, la Doctora Rubela Castro me interrumpió y me dijo: "Déjala Douglas, si tú pierdes un padre o una madre tú te resignarás, si pierdes un hermano también, pero si pierdes un hijo nadie podrá consolarte."

En ese momento no sabía lo que era tener hijos, pero ahora sé a lo que se refirió la doctora. Después de veinticinco años de pastor, he visto que no hay escena más dolorosa que la muerte de un niño y el dolor de la madre y padre por este. Cuando mi hermano falleció tuve que acompañar a mi Padre a la morgue. La ley demandaba una autopsia por haber sido un accidente. En la morgue el cuerpo desnudo de mi hermano estaba cubierto con una sábana, mi padre levantó la sábana y lo comenzó a besar de pies a cabeza diciéndole: "Mi hijo, Mi hijo". Mis emociones se quebraron y salí corriendo, y en el primer sitio que pude ver el cielo, grité de lo más profundo de mi corazón lo que creo que fue mi primera oración: "¿Por que? ¿Por que? Dios mío".

Al llegar a mi casa, el silencio era sepulcrar, mi padre y madre con atención médica calleron rendidos de pena y dolor. Yo busqué refugio en la biblioteca que tenía mi padre, allí encontré un libro, era de un grupo llamado los gedeones, lo abrí sin saber que era la biblia, y como si fuera guíado por alguien, llegué a Juan 3:16 *"Porque de tal manera amó Dios al mundo que dió a su único hijo, para que todo aquel que en el cre no se pierda más tenga vida eterna."* Pareciera que una saeta hubiera entrado en mi corazón, al recordar a mis padres sufriendo por la muerte de mi hermano, me pregunté ¿Quién es este Ser tan grande, que permitió que su Hijo diera su vida por nosotros? La única respuesta que hubo en mi corazón fue ESTE ES EL ADMIRABLE AMOR DE DIOS. Desde ese día se que me ama y yo le sigo.

Que Dios te bendiga.

Encuentro

El hombre siempre está en busqueda de algo. Según la Biblia esa busqueda se debe a la ausencia de Dios en nuestros corazones.

Buscamos paz, buscamos gozo, buscamos amor, sin saber que Él único que nos lo puede dar es Dios. Juan empezó su busqueda a la vez que huía de una responsabilidad. Pensó encontrar esa felicidad tan ansiada cerca a un personaje sacado de una revista. Dios utilizó esa busqueda para llevarlo a tener un encuentro con Él. Todo empezó cuando Juan trató de encontrar a la reina de la Selva.

EN BUSCA DE LA REINA DE LA SELVA

"Mirad que nadie os engañe por medio de filosofías y huecas sutilezas, según las tradiciones de los hombres, conforme a los rudimentos del mundo y no según Cristo." Colosenses 2:8

Hijo de un fabricante de cerámicas y azulejos de renombre en España, vivía muy confortable en la gran mansión de sus padres; hasta que cumplió la edad en que todo español tiene que ir al ejército a hacer su servicio militar obligatorio, a lo cual él le tenía terror. Juan pensaba que pasar todo ese tiempo bajo órdenes, ejercicios de combate y disciplina militar no iba con él. A los pocos meses antes de su obligada entrada al ejército, leyó en un artículo del periódico dominical, que en la selva peruana una norteamericana había desarrollado una relación muy especial con los nativos, los cuales le habían enseñado los secretos de la selva. Estos secretos añadidos a los conocimientos tan adelantados que ella traía de la sociedad moderna, habían sido la base para crear una especie de paraíso terrenal. Y esta mujer era conocida como la "reina de la selva".

Juan, no lo pensó dos veces y luego de pedirle a su padre dinero, se embarcó en un avión rumbo a américa del sur, con la esperanza de encontrar a la reina de la selva. Tarea que no iba a ser fácil, ya que si bién el artículo hablaba de la reina y mencionaba que se encontraba en la selva peruana, no daba la ubicación geográfica específica donde se le podía hallar. Había que buscar en una extensión de terreno casi equivalente a la mitad del Perú, en una región donde casi no hay carreteras y el transporte en su mayoría es por río o por avión. El espíritu aventurero, más el gran deseo de huír del servicio militar, hizo que este "pequeño detalle" no se interpusiera en sus planes. Los cuales a los cuatro meses de arribar al Perú los logró cumplir, pero con gran desilución.

Las fotos de la "reina de la selva," que aparecían en la revista, no eran tan actuales que digamos, había una diferencia de cinco años. Cinco años que si le habían afectado el físico por la manera de vivir que tenía dicha "reina". El único adelanto que había llevado de la sociedad moderna era el comercio de las drogas que podría extraer de la selva, como la distribución de un licor que preparaban los nativos. Su paraíso consistía en un relajo diario. Todos los días parecían de fiesta, todos los días eran de perdición. La reina no sólo había perdido la belleza externa, sino también la interna. Juan decidió regresar a la civilización, el único problema que ya no tenía dinero.

Caminado un día, Juan, encontró una casita pequeña, era de un misionero americano que ya había pasado al retiro, pero que no quería regresar a los Estados Unidos, porque su esposa sufría de Alzhaimer y pensaba que al pisar territorio americano a ella la meterían a un asilo y la separarían de él. Fue en esa casita donde Juan entró y aprendió los conocimientos básicos del evangelio. Hasta que un día escuchó de que había una cruzada evangelistica en un pueblo cercano y él asistió, el predicador de la cruzada era yo. Me sorprendió enormemente encontrarme con un español en la selva peruana. No tomó mucho tiempo para que nos hicieramos amigos y lo comenzara a discipular. Juan decía que el se había dejado engañar por filosofías y huecas sutilezas, pero ahora tenía a Cristo, y ahora sólo buscaba las cosas de arriba.

Juan, tenía la costumbre de apuntar, todo lo que escuchaba, sistemáticamente. Hizo tarjetas para memorizar los versículos, y algunas palabras en griego. Un día se levantó y me dijo que sentía que tenía que dar ese testimonio a sus padres porque no conocían al Señor Jesús, pero eso le costaría ir a la cárcel por haber huído evitando el entrar al ejército. Ademas de ir a la prisión tendría que cumplir con el tiempo reglamentario del servicio militar obligatorio. Pero, también el sabía que si bien antes el sólo pensar hacer el servicio militar lo aterraba, ahora ya era una nueva críatura, y todo lo podía en Cristo que lo fortalecía.

A los pocos día, Juan, viajó conmigo a Lima, y pasó un buen tiempo aprendiendo más de la Palabra de Dios, y cuando pensó que ya estaba listo para dar testimonio, partió para su país. Cuando llegó a España la pena de cárcel se la perdonaron, y con gusto hizo el tiempo de servicio militar. Dentro del ejército predicó a todos sus compañeros, a la vez que lo hacía a su familia, los cuales estaban asombrados por tan gran cambio.

Juan se dió cuenta que las filosofías y huecas sutilezas de este mundo, siempre nos llevan a un mundo vacío y de vanidad. El buscó esto con ahínco, aún llendo en contra de la ley. Pero en su gran misericordia Dios lo tocó con su gracia. De igual manera muchos de nosotros hemos viajado cientos de millas para encontrar un paraíso en este país, pero para la gran mayoría esto se convierte en un infierno, un pozo profundo del cual no podemos salir. Tal vez ahora sientes que ya no tienes fuerzas, pero si hoy día decides en tú corazón buscar las cosas de arriba, donde está Cristo sentado a la diestra de Dios, verás que Dios en su gracia te tocará como tocó a Juan, serás una nueva criatura, y tendrás nuevo poder, ya que el mismo Cristo será el que produce las fuerzas en tí.

Encuentro 7

Agradezco continuamente a Dios, por haberme permitido conocer a tantas personas que obedecieron la Palabra de Dios a pesar que el consejo humano y el deseo personal les decían otra cosa.

OBEDIENCIA A DIOS, BENDICIÓN PARA OTROS

"Porque así como por la desobediencia de un hombre lo muchos fueron constituidos pecadores, así también por la obediencia de uno, los muchos serán constituidos justos." Romanos 5:19

Cuando llegué a la Selva, conocí a un siervo del Señor, que todos los nativos desde el más joven hasta el más viejo admiraba, el era norteamericano y en su vida había tenido una variedad increíble de trabajos, Alcalde, a pesar que era extranjero, Maestro, Constructor, Agricultor, Consejero, Misionero y Pastor, por nombrar algunos. Pero creo que el mejor legado que él había dejado tanto a sus hijos como a la comunidad era el gran deseo de agradar a Dios, obedeciéndolo y estando en su voluntad. Esto había hecho que él fuera conocido por admitir cuando estaba equivocado, anunciando publicamente que se arrepentía y que iba a hacer lo necesario para corregir el problema y volver a estar en la voluntad de Dios.

Estos reconocimientos de estar errado, y no actuando de acuerdo a la voluntad de Dios siempre trajeron frutos, todo se lo atribuía a su obediencia a la Palabra de Dios, que era la que lo exhortaba y a través de los años, y la que se había constituído en su única guía. Había aprendido que la obediencia a la Palabra trae bendición. También, aprendió que mucho de nuestros males permanecen por nuestra desobediencia a la Palabra de Dios y la justificación de nuestro actos para continuar en nuestra rebeldía.

De estos actos de reconocimeinto, el más notable fue aquél que lo llevó a renunciar a su trabajo de Pastor, que el tanto amaba y lo consideraba el más valioso. Esto sucedió cuando la Iglesia que el pastoreaba estaba en pleno crecimiento era tal el dinamismo y energía que emanaba la Iglesia, que sus puertas permanecían abiertas los siete días de la semana. Habían actividades para todas las edades, ministerios que se multiplicaban día a día, y en cada uno de ellos él participaba. Tenía las manos llenas. Este hermano sentía que era el pastor más bendecido del mundo. Donde pocos años atrás ni siquiera se había escuchado hablar del Señor ahora había una iglesia activa llena de frutos, bendecida por el Señor y él era su Pastor.

Él, no podía pedir más, incluso, tantos erán lo miembros de la Iglesia, y tan notorio era su ministerio y los beneficios que traía al pueblo, que los pobladores se reunieron en asamblea y por votación unánime lo eligieron alcalde del pueblo. Ya no sólo era pastor, sino que llegó también ha ser alcalde; reconocido como líder espiritual y político por todos. Fue en esos momentos en que llegó a sus oídos un rumor que había entre la gente.

Uno de sus hijos descarriándose del buen camino había cometido un sin número de fechorías, saliendo impune por respaldarse en la notoriedad e influencia de su padre. Y de alguna manera u otra había logrado que todo lo que hiciera no llegara hasta ese momento a oídos de su padre. Pero al final su padre se enteró, y causó un gran dolor en el corazón de este líder espiritual. El hermano cuando se enteró de todo lo que había hecho su hijo, y por el tiempo que lo había estado haciendo, corrió a los pies del Señor con su Biblia abierta. Gimió, lloró y clamó al Señor. En medio de su oración, llegó hasta el pasaje bíblico que él, tal vez, nunca pensó que tendría que tomar una decisión al respecto.

El pasaje bíblico, hablaba de los requisitos que debería tener una persona para ser pastor de una Iglesia. Una parte de este pasaje, hizo que su corazón se desgarrara, sentía que se le iba a partir en dos, el pasaje textualmente decía:

> *"Que gobierne bien su casa, que tenga*
> *a sus hijos en sujeción con todo honestidad*
> *(pues el que no sabe gobernar su propia*
> *casa, ¿como cuidará de la Iglesia de Dios?)."*
> 1Timoteo 3:4,5.

Al terminar de leer este pasaje, oró, cerró su Biblia y propuso en su corazón obedecerlo. Fue donde estaba su hijo esperándolo, el cual pensaba dentro de si que le iba a caer tremenda reprimenda, "el castigo del siglo."

Al llegar, este pastor, donde su hijo lo abrazó y con lágrimas en los ojos le dijo: "Hijo mío hoy quiero pedirte perdón. Perdón por que te he descuidado totalmente, no tengo ninguna excusa que darte. He comprendido que te robé el tiempo que como hijo te pertenecía y se lo dí a los demás. Ruego a Dios que no sea muy tarde para devolvértelo. Es por eso, que hoy día mismo renunciaré a la iglesia y a todos mis demás trabajos para dedicarme a tí. Perdóname que recién halla abierto los ojos. Pero el Señor en su gran misericordia y gracia me ha permitido ver este error." Su hijo no podía creerlo, la iglesia no podía creerlo, el pueblo no podía creerlo. Pero cuando él se dirigió a ellos lo entendieron: "No se asombren lo único que estoy haciendo es obedecer la Palabra de Dios."

Pero, para que ser tan fanático, pensaban los del pueblo, ¿Es que no habría otro método? ?Quién iba a cuidar de la iglesia y de la alcaldía?, su respuesta volvía a ser la misma: "Lo único que estoy haciendo es obedecer la Palabra de Dios".

Lo más hermoso de esta historia, es que gracias a este deseo tan grande de querer obedecer al Señor todos vieron la manos de Dios. El hijo rebelde, ahora es uno de los misioneros más trabajadores, y ama al Señor con toda su alma. El motivo principal de su vida, ahora, es ver la mano de Dios a través de la obediencia de su Palabra. Además todos sus hermanos siguieron su ejemplo, cada uno de ellos sirve al Señor. La obediencia a la Palabra de Dios siempre trae bendición.

Encuentro **8**

"Predica a tiempo y a destiempo," fue el consejo que le diera el apóstol Pablo a Timote. Esto es algo que mucho de nosotros los cristianos no hacemos con frecuencia. Atravez de esta historia te enterarás como fue que aprendí de la importancia de este consejo bíblico.

RESCATE EN BATON ROUGE "Pues si anuncio el evangelio, no tengo porque gloriarme; porque me es impuesta necesidad; y ¡ay de mi sino anunciare el evangelio!" 1Corintios 9:16

Creo que no hay ruego más claro, contundente y preciso que el que le hiciera Pablo a Timoteo, el principio del ruego casi lo dice todo: *"Te encarezco delante de Dios y del Señor Jesucristo", y la súplica es : "que prediques la palabra; que instes a tiempo y fuera de tiempo; redarguye, reprende, exhorta con toda paciencia y doctrina."*Esto no lo entendía, hasta que comprendí que aunque las apariencias indicaran que uno no debería "molestar" con la predicación del evangelio a otros, hay personas delante de nosotros esperando que alguién les hable de Dios. Aunque esto suene muy religioso, sino estamos dispuestos a anunciar el evangelio en todo momento, nos perderemos de muchos encuentros divinos que el Señor había preparado de antemano para que hablemos de Él, y rescatar a una oveja perdida.

Todo sucedió cuando fui a dar una conferencia de Arquitectura a Lousiana State University. Al terminar la conferencia varias personas se me acercaron, entre ellos Rudy. Si bien el se presentó humildemente tenía suficientes títulos académicos y empresariales como para empapelar una pared. Doctor en Arquitectura, Abogado, Corredor de Inmuebles, uno de los mayores accionistas de una de las cadenas hoteleras más grande del país y director de un banco local. Una persona muy hábil en los negocios, era de los que aprovechaba la más mínima oportunidad para iniciar un negocio.

Fue una pregunta que le hice, lo que lo hizo pensar que yo tenía interés en hacer algún tipo de inversión. Por curiosidad le pregunté ¿Cuánto cuesta el metro cuadrado de terreno residencial en Baton Rouge? Sin pensarlo dos veces Rudy me invitó a cenar para contarme sobre el negocio inmobilario en Baton Rouge. Fuimos en su carro, que era impresionante de grande y cómodo. Se nos unió una señora que manejaba un Rolls Royce esos carros que valen más de cincuenta mil dólares.

Al llegar al City Club nos atendieron con trato aristocrático; todo, era nuevo para mi.

Esperando por la comida ellos ordenaron una bebida y yo una Coca Cola de Dieta. Y comenzamos la conversación. La dama no hablaba español así que tuvimos que hacerlo en inglés. Me habló de abrir cuentas bancarias y de inversiones, mientras yo pensaba que ojalá el pagara toda la cuenta porque todo lo que tenía de dinero creo que no alcanzaba ni para lo que ya habían pedido. Fue en medio de estos pensamientos del fantástico futuro que me pintaba Rudy como inversionista, que llegó a mi mente un pensamiento, con más intensidad, que si alguien me lo hubiera gritado. "¡Háblales de mí!", fueron las palabras que vinieron a mi mente. Llegué a pensar que esta Coca Cola de dieta tenía algún ingrediente desconocido, incluso acerqué el vaso a mi nariz para olerlo. Ellos debieron notar algo en mi porque Rudy me preguntó ¿pasa algo? Y al instante otra vez , en medio de la conversación el mismo pensamiento: "¡háblales de mí!".

¿Eres tú Señor? Pregunté en mi mente. Porqué si eres tú Señor debes saber que estos ricos nunca quieren escuchar de Ti. Fue más fuerte ¡Háblales de mi! No insistí más y me dirijí a Rudy y su amiga.

¿Me permiten contarles algo muy importante para mí? Les pregunté. Rudy dijo claro Douglas estamos entre amigos. Comencé a contarles como conocí al Señor, ante la mirada estrupefacta de Rudy. Cuando había hablado ya por unos tres minutos, la dama cayó de rodillas al piso y se puso a llorar y sin preguntarle nada me dijo: "Yo me bauticé cuando tenía ocho años, y amaba servir al Señor, y leer mi Biblia, cuando crecí mi interés por la buena vida y el dinero me hicieron dejar de lado todo lo que había aprendido de niña, me casé y al poco tiempo me divorcié quedádome con dos niñas, y en lugar de recurrir al Señor me aferré más al dinero. Ahora soy una simple amante de Rudy."

Rudy, estaba más colorado que un tomate. Hizo todo lo posible para callarla, pero ella seguía hablando: "Anoche caí en una depresión total y hasta se me quitaron las ganas de vivir. Por primera vez, en muchos años, me arrodillé y comencé a llorar y hablar con el Señor. Dios mío, le dije, necesito saber si todavía me amas, quisiera saber si Tú vendrías por mí y me llamarías de nuevo, terminé llorando, pero dormí por primera vez en años en paz. Y ahora usted me habla tan claro de Él, estoy segura que Él me ama, estoy seguro que Él me llama."

Los invité a ir el domingo a la iglesia que mi hermano pastoreaba en Baton Rouge, ellos aceptaron la invitación. Cuando llegaron a la iglesia, todos estaban asombrados con la presencia de tal personaje. Después que mi hermano teminó el sermón, hizo una invitación a reconciliar nuestras vidas con Dios. Al escuchar Rudy y su amiga la invitación, los dos pasaron adelante con los hijos de la dama. Los dos estaban emocionados con lágrima en los ojos.

Yo regresé al Perú, pero mi hermano bautizó a Rudy a las dos semanas. Y a los dos meses los casó. Ahora he aprendido lo que quiere decir el apóstol Pablo cuando decía: ¡Ay de mí si no anunciare el evangelio!. Ya no necesita el Señor mandarme pensamientos tan fuertes como para saber que tengo que hablar de Él, ya estoy mucho más sensible y las victorias siguen siendo poderosas en el Señor. Tal vez tú te identifiques con esta historia, y haz dejado de hablar de Él, empieza a hacerlo, o de repente tú eres como la dama que esperaba una confirmación del Señor entonces esta es tú confirmación,que Dios te bendiga.

Encuentro 9

Nunca entenderemos las circunstancias que nos rodean. Tampoco porque tuvimos que nacer en el hogar que nacimos, y los padres que tuvimos. Pero podremos ver en nuestro diario andar con Dios que cualquier circunstancia por más negativa que sea, Dios la puede usar para nuestro bien. A la vez que nos confirma que el tiene un propósito específico para nuestras vidas.

LLAMADO POR UN PROPÓSITO "Y sabemos que a los que aman a Dios todas las cosas les ayudan a bien, esto es, a los que conforme a su propósito son llamados." Romanos 8.28

La reunión estaba muy animada, risas, conversaciones amenas, y un fondo músical de alabanzas al Señor. Todo esto sucedía en la casa de Miguel. La mayoría de personas que asistieron, pertenecían a la Iglesia donde yo había sido bautizado hacía unos meses. De música de fondo se escuchaba unas alabanzas conocidas por todos. El ambiente cada momento se veía más animado, esto fué lo que originó que al escuchar una alabanza movida todos se pararan a hacer el famoso trencito que Carlos sugirió. Todo los presentes comenzaron a unirse al trencito, que al ritmo de la música recorría toda la casa. Al líder del trencito se le ocurrió comenzar a subir las escaleras, lo que pareció genial al resto de los participantes, pero Miguel que estaba en la cola del tren, al darse cuenta, gritó muy fuerte: ¡Arriba no!

Pero, ya era muy tarde, por que al segundo grito, vimos a todos bajar corriendo como si hubieran visto un fantasma. No era un fantasma era el hermano de Miguel, diagnosticado con esquizofrenia, que meses atrás al ver su reflejo en el espejo tiró un golpe al vidrio creyendo que era otra persona. Rompió el vidrio, y se cortó la muñeca, quedando insensible su mano. Al no sentir ningún estímulo en su mano, comenzó a mordérsela, cuando los que los supervisaban se descuidaban, cuasandose grandes heridas. Esto hacía que cualquiera que veía su mano le diera repugnancia. Cuando el hermano de Miguel, escuchó que estaban subiendo, salió corriendo del cuarto donde lo tenían batiendo su mano en el aire y gritando, lo que originó que el trencito se deshiciera en tiempo record.

Nadie hizo preguntas, y el resto del tiempo que pasamos en la casa fue casi en silencio. Uno a uno se fue despidiendo, como si se hubieran puesto de acuerdo para que la retirada no sea tan obvia. Me quedé conversando con Miguel ya que acostumbrabamos parar juntos, llendo a estudios bíblicos y especiales músicales. Él era un genio de la música, sin haber tenido estudios reconocidos en música, él podía tocar piano, y hacer lo que quisiera con la guitarra. A su corta edad junto a su mamá, se había hecho cargo económicamente de su casa.

Miguel, tenía tres hermanos y los tres tenían problemas mentales. Según los médicos algo sucedía en la unión de sus padres que los niños nacían con problemas mentales. De esto, no se dieron cuenta hasta el nacimiento de su hermana menor. El único que había nacido sin ninguna complicación era Miguel, pero también era el único que se daba cuenta de la triste situación que enfrentaba su familia. Situación que se había agravado cuando su padre los abandonó, bajo el pretexto que no podía soportar más esta tragedia. Así fue que Miguel quedó como jefe de familia a los quince años. Lo cual no lo hacía nada mal.

Aparte de estudiar, Miguel trabajaba en el aeropuerto y había convencido a su mamá para alquilar una casa muy grande, la cual conviertieron en hosta. Desde su trabajo en el aeropuerto el suministraba los clíentes, lo que les permitía tener una economía estable. Pero estas cualidades de este joven audaz no eran tan admiradas, como su amor al Señor. El sabía que el Señor había permitido que el no fuera afectado por ese mal congénito que había atacado a sus hermanos. Y al leer lo que decía el apóstol Pablo de nosotros el entendía que todo estos sinsabores algún día resultarían en algo bueno para su vida y la de su familia.

Esa esperanza, era lo que lo mantenía en pie y en lucha, siempre alabando al Señor esperando que extendiera su mano poderosa en su familia Miguel continuamente leía la epístola a los Romanos el capitulo ocho el versículo veintiocho: "Y sabemos que a los que aman a Dios todas las cosas les ayudan a bien, esto es, a los que conforme a su propósito son llamados." Él, siempre hablaba de su amor por Dios y de como estaba seguro que Dios estaba presente en todo lo que pasaba, y no sólo eso sino que tenía la seguridad que Él lo amaba tal como era. Y que lo amaba tanto que no quería se quedara como erá sino que sea "hecho conforme a la imagen de su Hijo", nuestro Señor Jesucristo.

Miguel, no se equivocó, todas esas circunstancias que lo rodearon le dieron el carácter y compasión. Cualidades, que cuando el Señor lo llamó para su ministerio, lo convirtieron en uno de los pastores más amados por su congregación. No sólo esto, sino que el Señor bendijo a toda su familia, su hermana mayor se casó, y tiene una hermosa familia, su hermana menor sirve activamente en su Iglesia, y el hermano que se mordía la mano se ha estabilizado lo que ha facilitado su tratamiento. Su madre es una sierva del Señor. Y el Señor los sigue bendiciendo en todas las areas de su vida.

La última vez que hablé con Miguel aparte de su pastorado estaba promoviendo un ministerio internacional. Grabando en su corazón las palabras que siempre lo estimularon: ¿Qué diremos a esto? Si Dios es por nosotros , ¿Quién contra nosotros? El que no escatimó ni a su propio Hijo, sino que lo entregó por todos nosotros, ¿Cómo no nos dará también con él todas las cosas?" Sea cual sea hoy día tú situación, ten la seguridad que Dios te llamó por un propósito. Y Él lo hará.

Encuentro

10

Muchas veces, debido a nuestros prejuicios, no podemos poner en práctica el hermoso mensaje bíblico de amor. A través de estas líneas veras que detrás de cada apariencia hay un corazón. La mayoría de veces más grande de lo que nosotros pensamos.

UNO EN CRISTO JESÚS "*Pues todos sois hijos de Dios por la fé en Cristo Jesús; porque todos los que habéis sido bautizados en Cristo, de Cristo estáis revestidos. Ya no hay judío ni griego; no hay esclavo ni libre; no hay varon ni mujer; porque todos vosotros sois uno en Cristo Jesús.*" *Gálatas 3:26-28*

Estos versículos son difíciles de entender en nuestros tiempos, estamos en un mundo occidental, totalmente diferente al mundo oriental de hace dos mil años. Para poder entender, talvez deberíamos cambiar un poco las nacionalidades, y en lugar de poner "ya no hay judío ni griego", deberíamos poner "ya no hay negro ni blanco", o "ya no hay hispano, ni anglo". Grandes barreras raciales que aunque no querramos obstaculizan la unidad en la Iglesia. En algunos casos es el color, en otros casos el origen de la persona, en otros casos es la cultura, o el nivel social. La cosa es que Satanás siempre trata de poner las diferencias sociales, raciales, y culturales por encima de la gran verdad de que TODOS NOSOTROS SOMOS UNO EN CRISTO JESÚS.

El apóstol Pablo fué más allá declarando que "ya no hay varón, ni mujer" una afirmación social, bien fuerte tanto para su época como para la nuestra. Un hecho ocurrió en mi vida que me hizo ver que en esta época, nuestros ojos pueden ser abiertos, para poder ver esta fabulosa verdad. Además poder ver como esta verdad bíblica al final triunfa a pesar de la oposición de la misma sociedad. Oposición que obra aún dentro de la Iglesia.

Un amigo mío y hermano en Cristo que estudiaba conmigo en el seminario, provenía de una clase social totalmente diferente a la mía, incluso su hablar era diferente, su color mucho más oscuro era diferente, sus gustos músicales eran diferentes. El había crecido en un barrio muy peligroso de la ciudad de Lima, desde que amanecía el sabía que en algun momento del día iba a tener una pelea, y alguién le iba a tratar de robar algo. Había aprendido el lenguaje de este submundo, y muchas veces hasta parecía por su manera de hablar que él todavía seguía en este mundo. Hasta que un día pasó un hecho muy peculiar en su vida. El fue a comprar un disco a una tienda músical, y la atendió una invidente. El, como a todo lo que le hablaba le ponía gracia, le cayó muy bien a la muchacha que lo atendía. A pesar del poco tiempo que hablaron quedaron como amigos.

Él, siguió visitando la tienda y conforme lo hacía su admiración por la muchacha aumentaba. ¿Cómo ella sabía de música?, ¿cómo sabía las canciones y donde estaban, a pesar que era ciega?, estaba sorprendido de como era que esta chica a pesar de su problema, podía hacer las cosas mejor que uno que tuviera vista. Un día, mi amigo, la invitó a salir y esa amistad terminó en romance, solamente que había un pequeño problema. Ella era la hija del dueño de una cadena de tiendas de música, tenía mucho dinero. El tenía que vender dulces y helados en la playa para poder pagar sus estudios. Ella había estudiado en los mejores colegios privados, el venía de una escuelita fiscal que el maestro iba si es que tenía para el pasaje en bus. Pero el mayor obstáculo lo encontraron cuando ella lo invitó a su casa para presentarlo a su familia como su novio.

Como ella era ciega no se había dado cuenta del color de piel de mi amigo, y al entrar a la casa ella fue la única que le sonrió, todos se quedaron perplejos. No sólo se dieron cuenta de su color de piel sino también que la vestimenta que tenía no era de calidad y estaba fuera de moda. Si no lo votaron al instante fue por la cara de felicidad que tenía la novia, la cual ni cuenta se daba de lo que esta ocurriendo. Él que si sufrió cada minuto de la estadía fue mi amigo. El cual al verme de nuevo me contó todo lo que había pasado. Yo le pregunté si la amaba, el asintió la cabeza soltando unas lágrimas, y me dijo: "Douglas tú sabes que yo soy huérfano y amo al Señor, pero no tengo cara para volver a esta casa y decirles que amo a su hija y que me quiero casar con ella." y después agregó: "Como quisiera ser como tú, que haz estudiado arquitectura, y tienes un padre que te ama, para que en estos momentos me ayudara. Sobre todo, ahora cuando paso por una situación imposible de resolver, ya que yo no puedo cambiar mi color. Quisiera que su familia pudiera ver mi corazón, y lo que siento por ella." Yo le dije: "Mi hermano la Biblia dice que tenemos un Padre en común, comprados por la sangre de nuestro Señor Jesucristo, y por esa razón, ya ni nuestro color, diferencia cultural, o económica vale. Somos uno en Cristo Jesús, y nuestra cultura es lo que vamos aprendiendo y viviendo lo que el Señor nos enseña a través de su Palabra". Y enfáticamente agregué: "Tú eres mi hermano, y como hermano que eres mi padre terrenal te llevará a la casa de tú novia y pedirá contigo su mano."

Llame a mi papá, y como siempre me escuchó con mucho amor. Pero mi padre no sólo me escuchó, sino que al ir a la casa lo representó como un padre, y como buen literato que era mi papá, les hizo ver que vieran más allá del color de la piel y apreciaran los sentimientos que albergaba en su corazón, todos emocionados y convencidos que era lo mejor para la novia, celebraron el compromiso. Al poco tiempo contrajeron matrimonio, y mi madre entró con mi amigo a la iglesia y mi padre fue su testigo. Este hermano me enseñó que en Cristo nuestras diferencias no existen, ya que Somos uno en el Señor.

Ponte ha pensar, hoy en día, como cambiarían nuestras iglesias si tuvieran este sentir: QUE SOMOS UNO EN CRISTO JESUS.

11 *Encuentro*

Acompáñame en esta historia. La enseñanza es muy simple, nadie sabe lo que pasa en mi vida ni en la tuya, pero Dios si.

DIOS NO PUEDE SER BURLADO "*No os engañéis, Dios no puede ser burlado: pues todo lo que el hombre sembrare, eso también segará.*" *Gálatas 6:7*

Yo nunca me imaginaba lo que el hombre es capaz de hacer, engañando, mintiendo, exagerando, prometiendo y más cosas, hasta que lo ví con mis propios ojos. Tal vez usted dirá todo el mundo engaña, todo el mundo miente. Pero no estoy hablando sólo de palabras sino de vivir una mentira, un engaño y no sólo eso sino de estar atado a ello, esclavizado, de tal manera que cualquier esfuerzo que hagas es inútil, y lo único que puede sacarte de esta horrible situación es una intervención divina.

Esto pasó con Iván un joven muy simpático que atraía a las jovencitas con facilidad. El llegó a nuestro ministerio a través de su hermana, y desde el principio el mostró el deseo de ser parte de nosotros. Él hacía lo que le pidiéramos, para llevar adelante una misión era capaz de dormir en

el mismo desierto con tal de conseguir lo que se le
había encargado. Al poco tiempo se había ganado
la confianza de todos, y el corazón de algunas
jovencitas, que suspiraban sólo al verlo pasar.
Fue bautizado en una playa pública e incluso
lloró el día que lo hizo. Pero el guardaba un
secreto que nadie lo sabía, era un hábito que cada
día demandaba más de su cuerpo y era ya casi
imposible el ocultarlo.

Primero, fue con la parte económica, enamoró
una muchacha que era capaz de dar la vida por
él. Un día, la familia de muchacha le prestó una
bicicleta para hacer un mandado, y regresó todo
golpeado, diciendo que se la habían robado.
Nadie sospechó de él. Otro día encontraron que
habían robado en su casa, y llegaron incluso a
robar en nuestro local. Él era el primer indignado
y el primero que iba en busca de los ladrones,
recolectando evidencias que ayudaran a la policía.
Todos estabamos fuera de la pista, el ladrón estaba
al lado de nosotros en nuestras narices y nosotros lo
buscamos por todas partes.

Su vicio crecía cada día más, y creo sinceramente
que el lo sabía, y sabía el daño que le estaba
causando. La pasta básica de cocaína que era en
lo que él estaba, no sólo lo había agarrado a él,

sino a muchos jóvenes de alrededor. Pero nunca sospecharíamos que Iván el bueno, el dulce, el servicial, el que no escatimaba en hablar del evangelio estuviera metido en eso. Hasta que un día, el estaba escuchando un sermón que yo estaba predicando. En el sermón usé el texto bíblico que decía: "No os engañéis Dios no puede ser burlado..."

Iván, contaría después que cuando leí esas palabras habrían sido como puñaladas para él. Pero lo más curioso es que en una parte del Sermón, cuenta Iván, que yo dije que cuando nosotros hacemos algo malo, al día siguiente sea donde estemos nos vamos a lamentar y odiaremos todo lo que hemos hecho. Agregó Iván, que yo, para enfatizar esta interpretación del versículo, yo señalé sin dirección y dije: "MAÑANA ESTARÁS EN UN SITIO EN QUE ODIARAS LO QUE HAS ESTADO HACIENDO" Iván cuenta que yo lo señalé a él y el hasta sintió ganas de salir corriendo.

Lo que no sabía Iván, es que en ese mismo momento habían encontrado a un hombre con la bicicleta de la novia, y el hombre había confesado que Iván se la había vendido. No sólo eso, sino que le había vendido otras cosas, como el televisor de su mamá, y varios artículos que se habían desaparecido de nuestro local. Con toda esa evidencia, la policía esperó que Iván llegara a su casa y lo detuvo. Esa misma noche fue internado en la penitenciería, y otro preso trato de aprovecharse de él, al defenderse el preso le clavó un lapicero en el esternón. Al día siguiente Iván se encontraba en la enfermería de la prisión, con dolor tremendo en el pecho y las palabras que yo había dicho en el sermón de la noche anterior, le repercutían en la cabeza: MAÑANA ESTARÁS EN UN SITIO DONDE ODIARÁS LO QUE HAS ESTADO HACIENDO."

Efectivamente, Iván, odiaba todo lo que había hecho, pero según nos cuenta no tanto lo que estaba metido en el vicio, sino como había engañado a los demás incluso a la Iglesia. Ese mismo día comenzó a clamar al Señor que lo librara de las garras de las drogas y las garras de Satanás. Diciendo: "Señor, yo siempre he sabido que Tú me amás, porque Tú nos amas no por lo que hagamos, sino porque Tú eres amor, se que el día que hice mi confesión de fé, Tú me tomaste como hijo, y ahora como hijo me diciplinas. Te ruego que me des la oportunidad de servirte librándome de las manos del enemigo, y se que Tú ya lo has vencido y por eso yo también tengo la victoria."

Casé a Iván con su novia después que saliera en libertad, el lleva quince años libre de la esclavitud de las drogas y ya no sembrando para la carne sabiendo que segará corrupción, sino sembrando para el Espíritu, sabiendo que del Espíritu segará vida eterna." El mensaje es claro, si creemos que nos estamos burlando de Dios, al único que estamos engañando es a nosotros mismos. Tarde o temprano lo sabremos cuando nos toque segar lo que hemos sembrado, los frutos de nuestro engaño. Pero ese día acuérdate que Dios te ama, y que el arrepentimiento y el amor, cubren multitud de pecados. Que Dios te bendiga.

Cuando ni siquiera has llegado a los 30 años y alguien te dice que estás dehabilitado de por vida, tú mundo pareciera que se cae a pedazos. En esta historia verás como Dios te puede levantar y guardar tú corazón y tú mente.

RESCATE EN HIALEAH "*Y la paz de Dios, que sobrepasa todo entendimiento, guardará vuestros corazones y vuestros pensamientos en Cristo Jesús.*" *Filipenses 4:7*

Si te decides a estudiar sicología o siquiatría, el estudio del comportamiento humano, o el estudio de la mente, verás que hay muchos términos que no tienen una definición exacta; la razón, dicen ellos, es porque son conceptos arcáicos, es decir muy antiguos. Por lo cual no tiene una definición precisa. Un ejemplo es la definición de mente la cual nadie sabe a ciencia cierta que es, la meditación es otro de los términos que nadie sabe que es y así como estos hay muchos más. Pero el que te llamará más la atención es al que le llaman ezquizofrenia, que realmente es la enfermedad que más se menciona en medios siquiátricos, y en psicología, pero que realmente no se sabe que lo causa, ni tampoco como se cura.

En pocas palabras la siquiatría y la sicología son dos profesiones un poco frustrantes ya que nadie sabe lo que produce ni como se cura la enfermedad que ellos más estudian. Es por eso que me gustaría compartir contigo la historia de Mirian, una persona que segun ella, conoció todos los hospitales de enfermedades mentales del sur de la Florida. No sólo que los conoció, sino que ella es conocida en todos ellos, pero no por que ella sea siquiatra o sicóloga, sino que fue una paciente.

Un día recibí un pedido de visitar una familia que tenía problemas, una de las hijas veía sombras y escuchaba sonidos en su cuarto. Gustoso acepté la invitación. Cuando llegué a la casa todos me recibieron con gusto, una de las que me recibio fue la dueña de la casa, Mirian. Hablamos por un buen rato y hablé con la niña también por un buen rato. Luego les hablé del Señor hice una invitación a aceptar al Señor Jesús como Salvador y Mirian hizo la gran decisión de su vida al recibir al Señor. De allí en adelante nada fue igual en esa casa.

A los pocos días Mirian fue a mi oficina y me contó de su caso y sus idas a los hospitales. Yo le conté de las ivestigaciones que había hecho sobre tan mencionada enfermedad. Ella me escuchó pacientemente, y luego me manifesto que ella estaba deshabilitada a causa de sus nervios. Yo le conté como había tratado antes con personas extremadamente nerviosas, también le compartí lo que había pasado con ellos luego de entender el mensaje de Jesús en Mateo 11:28: "Venid a mí todos los que estáis trabajados y cargados, y yo os haré descansar." Ese día Mirian le pidió al Señor por ese descanso, dejó todas sus cargas en sus pies. Luego de la oración algo podías ver tú en el rostro de Mirian que era diferente, una cierta chispa que antes no tenía, luz que su rostro antes no reflejaba.

Si pudiéramos hacer las fotos de Antes y Después en la Iglesia como hacen las compañías que promocionan productos para perder peso, usted no lo podría creer. A las pocas semanas bauticé a Mirian, luego a su hija mayor y más tarde a su hija menor. Mirian, ahora es miembro del Concilio de la Iglesia, es una líder; pero no sólo eso, ella contra los presagios de los médicos volvió a trabajar. Allí no termina la historia, no sólo ahora es líder de la Iglesia y colabora con la economía de su casa, sino que en su trabajo también es una líder. Hace poco tuve necesidad de los servicios que presta la empresa en que ella trabaja. Cuando entré hasta yo me quedé sorprendido de como Mirian la deshabilitada, ahora ella habilitaba todo, tenía a su cargo la sucursal del negocio, y estaba entrenando al nuevo personal. Todo esto bajo sonrisas y deslumbrando el gozo del Señor.

Tal vez a escuchar este mensaje tú también te sientas confundido, o tal ves te hayan deshabilitado, o es peor te hayan desahuciado, pues déjame decirte que hay alguien que tiene el control tanto de tú mente como de tú salud, y aun de la salud de los doctores. Ese es Jesús, Aquel que sustenta el Universo entero y a Él es que te pido que te dirijas hoy día mismo. Para todo lo que estás haciendo y dile: Señor hoy día escuche tú inivtación de venir a descansar, continúa diciéndole, yo estoy trabajado y cargado. Necesito de tí Señor. Ten la seguridad que Él te ha escuchado como un día escuchó a Mirian y me escuchó a mi. Que Dios te bendiga.

13

Encuentro

Dos pequeñas personas que no articularon palabra alguna, fueron los que más hablaron a mi corazón. Dios quiera que te hable al tuyo también.

LUCHI Y CACHI "El que habita al abrigo del Altísimo, morará bajo la sombra del Omnipotente." Salmo 91:1

Si alguna vez has conocido personajes de renombre, ninguno como estos dos hermanitos que yo conocí. Cachi y Luchi, dos famosos siameses Peruanos. El Misionero que los adoptó fue el que me bautizó y me casó Esteban Ditmore y su esposa Shirley. Debido a esto es que pase mucho tiempo al lado de Cachi y Luchi. Incluso sus nombres se deben a mi. Ya que sus nombres originales eran Casimiro y Luciano, y de cariño les comencé a llamar Cachi y Luchi, y al hacer la adopción Esteban y Shirley decidieron inscribirlos con sus nuevos nombres.

Esteban una vez escribió que ellos eran unos angeles, y lo cierto que la alegría y gozo que trajeron a la familia los pondría en esta categoría. Al ser separados por medio de una operación, Cachi se debilitó y al poco tiempo falleció.

Sólo quedo Luchi, siempre preguntando por su hermanito. Luchi tenía una pierna un poco más corta que la otra debido a que era parte de la unión con el cuerpo de su hermano, pero los doctores vaticinaban que luego con el desarrollo el cojear iba a desaparecer.

Muchas veces Esteban y Shirley me pidieron que cuidara a Luchi. Un día lo vine a recojer en mi carro que no era tan nuevo que digamos. Los cinturones de seguridad no le funcionaban; así que, senté a Luchi en el asiento del copiloto. Ibamos conversando de lo más bien, y en su media lengua Luchi me decía lo alegre que estaba al salir conmigo de paseo, y cuando seguía con su alegre balbuceo, inesperadamente un carro nos cruzó y yo tuve que frenar en seco. Pum!! Fue lo que escuché. Grité, ¡Luchi!, miré al asiento y no estaba, estaba echo una bola debajo de la guantera del carro. Lo saque de abajo y comenzó a quejarse un poco pero estaba entero. Dentro de mi pensé, felizmente que el no habla claro y Esteban y Shirley no lo entienden bien, porque si les contaba lo que pasó aparte de la reprimenda, de repente nunca me dejaban salir con Luchi otra vez.

Al llegar a casa, Esteban le preguntó a Luchi como le había ido; yo lo miraba con el rabito del ojo. Sin esperar, comencé a escuchar a Luchi contando la historia en su media lengua y con gestos, de una manera sorprendente. "Ata papa, scricchhhh, pum, Douglas, ay, ay, ay". Con la misma Esteban volteó y me preguntó que había pasado. Luchi me había vendido, gracias a Dios que no nos prohibieron salir juntos de nuevo.

Luchi creció y con él sus travezuras, otro día lo estaba cuidando cuando de repente se desapareció, se fue a la casa del vecino que tenía un perro de mediano tamaño, que para la altura Luchi era un San Bernardo. Cuando me dí cuenta que Luchi no estaba salí a buscarlo, entonces escuché unos ladridos de perro, y el grito desesperado de Luchi, llamando mi nombre. Dugla, Dugla.... Luchi corría aterrorizado hacia mí mientras que atrás lo seguía el perro del vecino. Luchi me alcanzó y salto sobre mi y yo lo cargé. El perro se calmó y Luchi lo comenzó a mirar y luego me miró a mi, volvió a mirar al perro y luego me miró de nuevo a mi. En eso, mirando al perro le sacó la lengua y le comenzó a decir eh, eh, eh... eh, eh, eh.... ¿como era posible que Luchi de aterrorizado haya pasado a un completo dominio de la situación en un instante. Lo que pasa es que Luchi se abrazó de alguien que era más grande que su problema.

Como lo hizo la mujer con el flujo de sangre, toco el manto de uno que era más grande que su problema. Como lo hizo la mujer Samaritana, cuando descubrió que esta frente a alguien más grande que su propia situación y más grande que todo tipo de adoración que ella conocía estaba frente a Jesús.

Como lo hizo Pablo, que descubrió cuando cayó del caballo que estaba frente a alguien más grande que su propia religión, estaba frente a Jesús. De repente hoy día tienes un problema que poco a poco te ha venido destruyendo, quiero hacerte la invitación a hacer lo que hice yo un día, abracé a alguien que era más grande que mi problema, abrace a Jesús mi Señor. Al Único que me prometió que estaría conmigo todos los días hasta el fin del mundo. Ven abraza hoy día a Jesús y como Luchi le podrás sacar la lengua a tú problema y decirle hehehe.... Que Dios te bendiga.

Nathan fue un instrumento de Dios, lleno de amor, que llevó a toda mi familia a conocer a Jesús. Todo esto a la edad de13 años.

Encuentro

REFLEJANDO EL AMOR DE DIOS "*...porque el amor de Dios ha sido derramado en nuestros corazones por el Espíritu Santo que nos fue dado.*" Romanos 5:5

Te amo, fueron las primeras palabras que escuché cuando desperté, provenían de los labios de un niño de trece años de edad. Nathan Lyon, un amigo que conocí en un viaje que hice a Puerto Callao en Pucallpa, la Selva Peruana. Sus padres eran misioneros de una organización cristiana conocida como "Instituto Lingüístico de Verano", la cual yo fui a visitar gracias a una invitación de la familia Lyon. Para esa época, yo ni sabía lo que era un misionero cristiano, ni lo que hacía. Escuché que se dedicaban a aprender el lenguaje nativo de alguna tribu, con la finalidad de traducir la Biblia a su propio idioma. Un gran esfuerzo, al cual no le veía por ningún lado alguna utilidad.

En la visita a la casa de los Lyon, conocí a Nathan un muchacho que era pura sonrisa, y siempre expresaba amor, no sólo con los labios, sino también en lo que en lo que hacía, sirviendote, escuchandote y muchas veces haciendote sentir como si fueras el ser más importante del planeta. Fue tan simpático conmigo que aunque yo le llevaba seis años, desarrollamos una buena amistad, siendo el muchas veces más maduro de lo que yo era.

Parecía como que el tenía un sentido más profundo de la vida y entendía la razón por la que nosotros estamos en esta tierra. Siempre trató de explicarme algo que yo nunca le dí el tiempo necesario para hacerlo. Es por eso que creo que el Señor diseñó una manera diferente para que yo entendiera que era lo que producía ese gozo inagotable en este niño de trece años.

Tan buena impresión me causo que lo invite a que me visitara a mi casa en Lima, lo cual hizo que abriera sus ojos como si hubiera escuchado una noticia admirable. Si, si, si, yo quiero ir a Lima, era lo que siempre repetía, incluso hasta el último minuto que yo partí de regreso a mi casa. Esta idea, los padres no la miraban con muy buenos ojos. Pareciera que la insistencia de Nathan dio sus resultados, a los pocos meses lo tuvimos de visita en la casa. Fue que cuando estuvo en la casa, que él me despertaba a mi y a mis hermanos con un sincero ¡Te amo!. Durante su estadía creo que nadie podría comprender como un niño podría expresar tanto amor a cada miembro de la familia. A pesar que no más estuvo tres días, ya que tenía que regresar para el cumpleaños de su papá, al cual le había comprado un regalo muy hermoso, en agradecimiento por haberlo dejado hacer este viaje y pasar un tiempo con su familia peruana como el nos llamaba.

A pesar de las bromas que le hacíamos, algunas muy pesadas, el no perdía esa sonrisa que pareciera haber sido dibujada con mano divina. Continuamente le preguntabamos por que siempre estaba contento y haciendo algo por otro. Él nos respondía con versículos bíblicos que ninguno de la casa entendía. Si bien, siempre contestaba usando la Palabra de Dios no parecía religioso, al contrario pareciera que los versículos fomaran parte de él. El no sólo hablaba de Jesucristo y su amor por nosotros sino que lo reflejaba, como si en su interior tuviera la fuente de ese amor divino. Verdad que nosotros todavía no entendíamos.

Llegó el día de su partida, todos estabamos tristes teniendo la esperanza de verlo pronto ya sea en la Selva Peruana o en nuestra casa en Lima. Esperamos en el Aeropuerto hasta que el avión despegara, regresamos a casa la cual parecía vacía por la ausencia de Nathan, que aunque estubo sólo tres días dejó un gran vacíó no sólo en la casa sino en nuestros corazones. Comentabamos lo amoroso que era y las ocurrencias que había tenido, uno de mis hermanos se fue a dormir, mientras los demás nos fuimos a ver TV. Al poco rato pasó algo curiosísimo, mi hermano que estaba durmiendo se despertó diciendo que tenía un presentimiento que a Nathan le había pasado algo.

Fue en ese preciso momento que en la televisión se anunció una "ultima noticia." El avión en que viajaba Nathan se daba por perdido. A la mañana siguiente, nos dimos con la noticia que el Avión cayó y con el Nathan. El dolor en nuestra casa era profundo. Viajé a la Selva a los pocos días y pude visitar su tumba, la cual tenía una lápida con la escritura: "Estimada es a los ojos de Jehová la muerte de sus Santos." Salmo 116:15. Palabras que me recordaron los momentos en que él con tanta certeza me contaba de las mansiones celestiales que nuestro Señor Jesucristo había preparado para nosotros. Me dije a mi mismo, que si hay alguien que está en las mansiones que Nathan hablaba, es él mismo. Ese amor del cual Nathan hablaba había tocado a toda mi familia.

Si en algún momento pensé que su vida se había desperdiciado, ahora veo que no. Recién entiendo como Dios había planificado el encuentro de Nathan con nuestra familia. Una familia sin el conocimiento real de Dios, pero que Dios en su gracia había decidido rescatar de las tinieblas. Dios, no escogió un gran líder religioso, porque tal vez no lo hubieramos escuchado, sino un siervo simple y humilde que reflejaba Su amo y Su belleza.

Los frutos de Nathan en mi casa fueron asombrosos, el hermano que despertó de su sueño, Percy, diciendo que algo había pasado con Nathan ahora es Pastor y sirve al Señor como Vicepresidente Chosen People, una institución que se dedica a predicar el evangelio entre los judíos, mi hermana es casada con un misionero también de Chosen People y sirven a tiempo completo al Señor, mi madre que para el tiempo en que Nathan nos visitó había sufrido un derrame cerebral y tenía medio lado paralizado, ahora alaba al Señor con todo su ser, no mostrando vestigios de su derrame cerebral. Mi padre y mi hermano mayor ya están en la presencia del Señor y gracias a este testimonio de un niño de trece años están en las mismas mansiones que Nathan tanto nos hablaba.

Ahora, yo soy pastor, y cuando miro atras me doy cuenta del gran amor de Dios. Y como un niño dispuso su corazón para ser usado y enseñar el amor de Dios. Ten la seguridad mi amigo que un Nathan está llendo a tú encuentro, para hablarte del amor de Dios. Y si ya conoces de su amor, de repente tú serás en las manos del Señor un Nathan, para alguna familia que se encuentra en tinieblas. Todas las personas que han sido ganadas en los ministerios de mis hermanos y mío han sido testigos de ese Amor de Dios que ha sido derramado en nuestros corazones por el Espíritu Santo que nos fue dado, gracias a que tuvimos un gran ejemplo.

Es mi oración que tú también puedas experimentar este amor y si ya lo tienes en tú corazón permitas que el Señor lo muestre a otro a través de tí. Algún día, gracias a este amor nos veremos con Nathan y con todos aquellos que conocieron a Dios a través de su vida, en esas mansiones celestiales. Y todo gracias a la manera que Jesús nos amó como la Biblia lo explica en pocas Palabras: "Más Dios muestra su amor para con nosotros, en que siendo aun pecadores, Cristo murió por nosotros." Romanos 5:8

Toma unos minutos y pídele de corazón al Señor ya sea que te muestre su amor, o te use para mostrar su amor.

Muchas veces es difícil para uno creer lo mal que le va a otra persona, pero he descubierto en todo estos años que la realidad supera la fantasía. Creo que cualquier autor dramático se quedaría corto en imaginación comparado a los casos que he tenido que presenciar. Uno de ellos es el de Martha, aunque dramático al final nos enseña que Dios siempre está en nuestro lado, aun cuando todo el resto nos ha fallado.

LA PÁGINA PERDIDA "Aunque ande en valle de sombra de muerte no temeré mal alguno, porque tú estarás conmigo." Salmo 23:4

Sonó el teléfono, al otro lado de la línea una voz en desesperación: "Pastor, pastor, Martha se muere" era la mamá de Martha que me llamaba desesperadamente, me contó lo que había pasado y que ya habían llamado a la ambulancia y al doctor. Fuí rápido a su casa, vivíamos cerca, en camino comencé a recordar como es que había conocido a Martha. La había visto varias veces caminando por el vecindario, algunas veces un poco descuidada, los chismes decían que ella estaba en drogas desde temprana edad, y ya no podía controlar el vicio.

Fue cuando un amigo de su familia me pidio si podría hablar con ella.

Martha, tenía algo a su favor, conocía de los horrores de la droga y quería salir de ella, pero su deseo era mayor que el terror que tenía de andar en ese mundo. Mi esposa y yo tratamos de ayudarla, le hablamos del Señor e incluso la llevamos a la casa para que este un tiempo alejada de las malas juntas. Mi esposa, estaba en estado de mi primera hija y era muy sensible a todo. Un día bajo hacia la cocina y llamó a Martha, la cual no respondió, cuando fué a buscarla la encontró tirada en el suelo drogada. Un "amigo" que la visitó el día anterior le había llevado droga.

Esta experiencia, fue muy fuerte para mi esposa y le tuve que pedir a Martha que se fuera a su casa que desde allí yo la iba a ayudar. Ella se fue, pero nuestros esfuerzos por ayudarla se multiplicaron, clamabamos a Dios, diariamente, que le diera a la victoria a Martha. Llegó el día en que ella reconoció su falta de fuerzas para vencer tan horrible adicción, y por primera vez me preguntó, de lo más profundo de su corazón, ¿Qué debo hacer? Le expliqué del Señor Jesús y de la libertad que podíamos tener cuando le pedíamos que El tomara control de nuestras vidas, reconociendo nuestro pecado e invitandolo a que sea nuestro Salvador y Señor. Ella no era muy religiosa que digamos, pero su desesperación por salir de las drogas era tal que tomó atención a todo lo que yo decía. Martha, quería ser libre de ese flagelo.

Le explique versículo por versículo de las buenas nuevas que Dios nos daba a través de su hijo Jesús. Ella asintió en todo y cuando le pregunté si quería aceptar la invitación del Señor de ser hija suya, ella asintió con la cabeza enérgicamente. Oramos y pude ver algo diferente en el rostro de Martha, renacía en ella una esperanza de que Dios la ayude a salir adelante.

Día a día, vimos como Martha iba siempre en triunfo como dice la palabra de Dios en 2Corintios 2:14. A las pocas semanas ya Martha clamaba liberación en el Señor, no se cansaba de decirle a todo el mundo lo que Dios puede hacer en tú vida. Ayudaba a otros amigos que estaban esclavos de la droga y les enseñaba el camino a salir. Tal era su gozo y alegría que atraía a la gente, los cuales venían a preguntarle que es lo que le pasaba ahora. En el camino de compartir su libertad en el Señor, conoció un muchacho que había tenido el mismo problema que ella, pero que ahora estaba libre también. Ellos, se enmoraron y al poco tiempo decidieron que lo más hermoso sería unir sus vidas en matrimonio.

La idea, del matrimonio, se fue fortaleciendo y comenzaron a tramitar sus papeles necesarios para la boda. Cuando Martha fue a la municipalidad a pedir su partida de nacimiento se encontró con la sorpresa que en la partida de nacimiento el nombre de su mamá no estaba correcto. Ella descubrió ese mismo día que su mamá no era su mamá, y que su hermana no era su hermana, sino que su mamá era su abuela y que su hermana era su mamá. Esto la confundió de gran manera, se sintió engañada y traicionada. En su desesperación regresó a su casa y sin dirigirle palabra a nadie fue a su cuarto y en el camino a este tomó el frasco de pastillas para dormir de su mamá (abuela), el cuál se lo tomó todo. Al descubrir esto su mamá (abuela), fue que me llamó.

Yo llegue antes que la ambulancia y el doctor. Cuando ví a Martha, ella estaba tendida en la cama con los ojos un poco abiertos, pero no respondía nada. Le pedí a la mamá (abuela) que me dejara sólo y vaya al otro cuarto clamar al Señor. Yo, comencé a hablar con Martha como si me entendiera, tenía miles de preguntas en mi cabeza, y un dolor profundo en mi corazón. No tenía idea que decir, hasta que vi su biblia y se me ocurrió leerle uno de sus salmos favoritos el salmo 23, al buscar la pagina no la encontré alguién la había arrancado. Y dije en voz alta ¿Quién arrancó el Salmo 23? Para sorpresa mía Martha abrió un poco los ojos y me dió a entender con una seña de sus manos que se la había fumado. En otras palabras había utilizado la página para envolver droga y fumarla.

No sólo pasó esto, sino que sonrío despúes que enojado le dijera: "Bueno si te fumaste el salmo 23 lo debes saber mejor que yo". La ayudé a levantarse y comenzamos a repetir el salmo 23 juntos, "Jehová es mi Pastor, nada me faltará." en eso le dije escucha Martha la biblia no dice Jehová es EL pastor, ni dice es UN pastor, dice es MI pastor, MI, MI, pastor. Tú pastor Martha, y Él te sacará de este valle de sombra. Comencé a orar en voz alta "Señor toca a Martha, infundenos aliento en este momento." El Señor nos comenzó a dar la fuerza que necesitabamos (a los dos). Los pasos de Martha comenzaron a ser más firmes, y mientras seguíamos recitando este hermoso salmo cada palabra del mismo se hacía una realidad en Martha. Cuando llegó la ambulancia y el doctor, lo único que hicieron fue certificar el milagro que había hecho el PASTOR de Martha.

Talvez nunca te has dado cuenta lo cerca que Dios está de tí, sabes la Biblia asegura que El nos llevará a lugares de delicados pastos y nos hará descansar, porque conformarse con pastos no delicados, que sólo nos traen esclavitud y confusión a nuestras vidas. Por que andar en una tensión que nos lleva a un estado de depresión a un hoyo sin salida, cuando podemos ahora mismo gozar del descanso que El nos puede dar. Es lo más sencillo de lo que crees, El nos ama tanto que lo dispuso así. Simplemente dile, Señor me arrepiento de todo lo malo que he hecho y hoy acepto tú invitación, quiero Señor que seas MI PASTOR, que seas MI SEÑOR. Que Dios te bendiga esa es la mejor decisión que has hecho en tú vida. Lee el Salmo 23.

Encuentro 16

Siempre existe una manera en la que Dios puede hacer cambiar un corazón duro. No te desamines si estás hablando con alguién que no sólo no te escucha, sino que rechaza todo lo que le dices. Tú sigue orando y siendo buen testimonio. Dios hará el resto.

CORAZÓN DURO *"Más a Dios gracias, el cual nos lleva siempre en triunfo en Cristo Jesús, y por medio de nosotros manifiesta en todo lugar el olor de su conocimiento." 2Corintios 2:1*

Había tratado por más de un año enseñarle el evangelio, y que entienda del amor de Dios, pareciera que tuviera bloqueado el entendimiento, o fuera el hombre de corazón más duro que haya conocido. El problema no era que el no creyera lo que yo le enseñaba de la biblia, el problema era que aunque no creía, seguía insistiendo que le enseñara, pregunta tras pregunta pero a la hora de hacer una decisión nada. "No me entra" me decía.

Clamaba al Señor pidiéndole que hiciera algo, era la primera vez que le huía a alguien que me iba a preguntar de la biblia. Lo que pasaba era que yo sabía que al final me iba a responder su famoso "No me entra". "Señor" era mi oración, "si tú no haces algo con Fernando no se que va a pasar conmigo. El problema no es que no entienda, sino que siempre quiere que le enseñe, y no entiende. Ya llevamos en esto más de un año." Sin saberlo esa oración estaba a punto de ser contestada, la mano de Dios iba a ser extendida para hacer un milagro en la vida de Fernando. Los dos trabajabamos juntos en el diseño y contrucción, el era ingeniero civil, y yo arquitecto. Pusimos una firma constructora para desarrollar unos programas de vivienda.

Un día llendo al banco a abrir una cuenta bancaria, al entrar a las oficinas me pasó algo que en todos mis años de cristiano no había experimentado antes. Una sensación de gozo, paz y amor intensa se apoderó de mí. Tanto que no podía contener las lagrimas que brotaban de mis ojos. No me podía explicar que era lo que me estaba pasando. A todas las personas que miraba alrededor sentía que las conocía de tiempo, que eran como si fueran de mi familia, y los amaba con gran intensidad. Al voltear donde Fernando para preguntarle si sentía algo, me quedé más sorprendido al verlo. Fernando estaba sollozando como si fuera un niño, y me decía que no sabía que pasaba. La única explicación que venía a mi mente era que el Señor estaba respondiendo mi oración de tocar a Fernando y ahora lo estaba haciendo. Pero ¿por qué en un banco?, y ¿qué era lo que yo sentía? De pronto vino a mi cabeza Romanos 5:5 "Y la esperanza no averguenza; porque el amor de Dios ha sido derramado en nuestros corazones por el Espíritu Santo que nos fue dado."

Si, tenía que ser así, este amor que yo sentía por los demas y en la intensidad que lo sentía tenía que ser de Dios. No me importaba si conocía a las personas en el banco, ni lo que hacían, ni para que estaban allí, lo que era un hecho es que los amaba incondicionalmente, como el Señor nos ama. ¿Y por qué en el banco? Otra vez el Señor puso la respuesta en mi mente "y por medio de nosotros manifiesta en todo lugar el olor de su conocimiento." 2 Corintios 2:14, EN TODO LUGAR. El Señor había decidido que en ese momento Él iba a manifestar a través de mí el olor de su conocimiento, en el banco. En un sitio donde uno está acostumbrado solamente a hacer transacciones materiales el Señor lo iba a tocar con bendiciones espirituales que traspasan las materiales. Pero allí no terminaron nuestras sorpresas.

Fernando, totalmente tocado por el amor del Señor, me seguía adonde yo iba. Yo, me dirigí a la oficina del administrador, a pesar que lo que sentía dentro de mi iba en aumento; y también lo mismo ocurría con Fernando. Cuando nos hicieron pasar a ver el administrador, éste se puso repentinamente de pie y mirándome a los ojos me dijo "¡Tenía que venir! ¡Tenía que venir!" Ahora sí que estaba confundido, "¿Por qué me dice usted que yo tenía que venir? Ni siquiera lo conozco". "Ayer en la noche" me dijo, "llegué del trabajo a mi casa y me encontré con la sorpresa que mi esposa me había dejado, llevándose a nuestros hijos, en una nota que dejó lo explicaba todo. No soportaba más lo que estaba pasando en nuestros matrimonios y se separaba de mí. El primer paso que tomó mi esposa, fue el mudarse a la casa de su mamá."

"En mi confusión y rabia" continuó el administrador, " fuí a buscar mi revolver y pensé primero en tirarme un tiro. Conocía bien a mi esposa y sabía que ella no iba dar un paso atrás. Antes de tirarme el tiro, sentí el deseo de arrodillarme, y ya de rodillas clamé al cielo gritando. Señor no se que hacer, tú sabes lo necio que he sido con mi esposa y mis hijos por favor manda a alguién que me hable de ti y me diga que hacer." En eso hizo una pausa y mirándome otra vez a los ojos me dijo "Y yo sé que eres tú".

Tomé aire profundamente, y sin salir aun de mi asombro, empecé a explicarle el evangelio, de como Dios tenía un propósito para su vida, y como el pecado se interponía entre él y Dios, pero que Él nos amamba tanto que había enviado a su Hijo para limpiarnos de toda maldad y volver a tener comunión con Él y ser nuevas críaturas, Jesús dijo: "Yo soy el camino la verdad y la vida, nadie viene al Padre sino es por mí" Juan 14:6, Si quieres te puedo dirigir en una oración para que tú la repitas pidiéndole al Señor que sea el Señor tú vida y tome control de todo lo que está pasando alrededor tuyo. Me dijo que si y le tomé la mano para orar.

Cerramos los ojos y empecé la oración, pero sentí antes que la mano de Fernando también se unía, y cada palabra que decía en la oración no sólo la repetía el administrador del banco sino también Fernando. El Señor lo había hecho, El le había dado el entendimiento a Fernando, por una año había tratado de enseñarle el evangelio; sin embargo, él en un día sintiendo el amor del Señor en un banco había tomado la decisión.
No solamente eso, sino que fue bendición para otra persona.

Fernando ahora es un fiel siervo del Señor y sigue en los caminos del Señor. Y todo esto gracias a que cuando nosotros disponemos nuestro ser para servir a Dios en todo lugar y circunstancia, El dispone manifestar el olor de su conocimeinto a través de sus siervos en todo lugar y circunstancia. Del administrador no supe más, pero tengo la seguridad que al haber entregado su vida al Señor, el amor y la paz de Él la gobernarán. Prepárate siempre en el Señor porque nunca sabes tú cuando es que el Señor te usará en una manera sorprendente para manisfestar el olor de su conocimiento.

Lee 2Corintios 5

Encuentro 17

La palabra de Dios nos dice que ninguna Palabra de Él regresará vacía. No sólo esto sino que a veces te sorprendes como te enteras de los resultados de compartir la Palabra de Dios, después de mucho tiempo. Alimentando tú fé, para que más adelante puedas mover montañas.

PERSEVERANCIA DIVINA "Pedid, y se os dará; buscad, y hallaréis; llamad y se os abrirá." Mateo 7:7

Empecé mi ministerio como evangelista, predicando donde me llamaran, si era un teatro, la esquina de una calle, bienvenida, ya sea un parque, o coliseo, siempre era el mismo sentir la misma unción, presentar al Rey de Reyes, pedirle a las personas que entren a la ceremonia de la boda. De todos estos episodios que puedo contar en mi vida hubo uno que cambiaría mi manera de pensar en cuanto a la invitación que hace un evangelista al finalizar su sermón.

Generalmente mi invitación solamente era para los que por primera vez iban a hacer una decisión para el Señor, olvidándome que dentro del mismo pueblo de Dios abunda también el dolor, la caída, la necesidad de reconciliación, liberación y sanidad.

Fue así que en una cruzada en la ciudad de Trujillo decidí cambiar mi manera de cerrar mis sermones y hacer una invitación abierta para todo aquel que tuviera necesidad de traer algo al Señor. Conforme las personas iban pasando, yo me acercaba a ellos, algunos se ponían de rodillas y otros permanecían de pie, pero a ambos les preguntaba cual era la razón por la cual pasaban adelante. La mayoría era para aceptar al Señor Jesus como Señor y Salvador, otros por sanidad, otros por reconciliación ya que habían caído en algún pecado.

Una de las noches, pasó una señora que me llamó la atención, al preguntarle que era lo que la traía adelante, ella me respondió: "No es por mí, es por mi hijo, los doctores me han dicho que creen que esta será su última noche, ya que tiene un tumor en el cerebro que incluso ya le produjo la ceguera." Me asombró tanto su fé que lo único que le dije fue: "oremos que el Señor escuchará y será hecho de acuerdo a su fé". Prediqué por cinco noches seguidas, y en las cinco noches esta señora pasó adelante y volvimos a hacer la misma oración, agradeciéndole al Señor por haberle permitido al niño pasar esa noche.

Terminé la cruzada y no ví más a la señora, pero me quede impresionado por su perseverancia.

Pasado más o menos un año de este incidente, nuestro ministerio empezó una pequeña escuelita en esa ciudad. Conformada por los hijos que trabajaban en la obra y algunos que asistían a la Iglesia. Pequeña pero la enseñanza era buena. Llegó esto a oídos de una hermana que tenía a su hija en una escuela privada y recibía mucha quejas sobre ella. Acostumbraba la niña a pegarle a los demás niños, e interrumpir las clases, no haciendo caso a las órdenes de su maestra, que ya no sólo le daba órdenes sino que la amenazaba con reportarla a la directora, pero ni sus amenazas surtieron efecto alguno.

Sintiéndose la madre de la niña frustrada, vino a mí y me pidió que la ayudara. Le dije que trajera a su hija por un mes a nuestra escuela. Lo cual, al principio pensé que había sido un gran error, ya que la niña comenzó a pegarle a todos los demás niños, incluso a mis hijitas. Los niños se armaron de valor y vinieron a mi pidiéndome que hiciera algo, que ya no soportaban sus maltratos. Comenzamos a orar por la niña y a la vez que la tratamos con amor empezamos a disciplinarla. Si le pegaba a un niño, ella tenía que pararse en medio de un círculo hecho por los niños, y el niño que había sido golpeado le tenía que devolver el golpe que recibió.

Llegamos a ponerla en medio del círculo, pero ningún niño se atrevió a golpearla de vuelta, lo que me hizo pensar que se estaba saliendo con las suyas. Pero ocurrió todo lo contrario, como los niños no le devolvían el golpe, a lo cual ella ya estaba acostumbrada, ella sintió un gran pesar por lo que había hecho. Incluso, comenzó a pedir disculpas y a las pocas semanas dejo de dar golpes a los niños, cambiando los golpes por abrazos y los gritos por alabanzas. Al mes y dos semanas regresó a su escuela, la profesora la recibió con cierto recelo, como si se le hubieran terminado las vacaciones.

Al empezar la clase, la señorita se dispuso a darle ciertas pautas a los niños para hacer las lecciones del día, en medio de ellas fue interrumpida por la niña que fue a mi escuelita, la maestra pensó, "otra vez", pero para sorpresa suya, con voz dulce la niña, le dijo: "maestra aprovechando que tenemos un lindo día, porque no le damos las gracias al Señor, y le pedimos que nos guíe en las clases." La maestra, no lo podía creer, la niña arisca y respondona, dulcemente le estaba pidiendo empezar el día con una oración. No sólo pidió que oren, sino que ella lo hizo, haciendo que los otros niños también repitieran la oración. En el recreo, pasó lo mismo que paso en nuestra escuela, en lugar de golpes eran abrazos, y en cualquier oportunidad que tuviera les enseñaba un coro de alabanza a los niños.

Ese día, el comportamiento de la niña fue tan sorprendente que la maestra esperó que su mamá la fuera a recoger para hablar con ella. Cuando vió a la madre la primera pregunta que tuvo para ella fue, "¿Qué ha pasado con la niña?." "Lo que pasa," repondió la madre, es que como usted sabe, teníamos muchos problemas con la niña en las clases, entonces escuché de la escuelita del pastor Douglas Johnson, y fui y le pedí ayuda. El pastor, me permitió llevarla a la escuela por mes y medio en el cual observamos este gran cambio, y decidimos traerla de vuelta..." no había terminado, cuando la maestra la interrumpió, "perdone, ha dicho usted Douglas Johnson, ese es el pastor que estaba predicando cuando mi sobrino estaba grave por morir, y los doctores le habían dicho que no pasaba de aquella noche, debido al tumor que tenía en el cerebro y su salud se había deteriorado mucho.

Mi hermana, asistió todos los días que el pastor Johnson predicó, por los cinco días me contó que oraron juntos por el niño. Ya ha pasado más de un año y el niño esta bien, ya está recuperado el Señor hizo un milagro." Las dos se dieron cuenta que Dios había trabajado tanto en la niña, como en el sobrino de la maestra y que el Señor Jesús sigue respondiendo a nuestras oraciones, y sigue haciendo milagros.

Cuando me enteré de lo que la maestra le había dicho a la madre de la niña, comencé a alabar al Señor porque en su gran misericordia me había hecho saber después de un año el milagro que había hecho en el niño, y que habíamos tenido la victoria. Este hecho hizo que mi fé se fortaleciera al clamar al Señor por circunstancias que para el hombre parecen terminales e imposibles de vencer. Como consecuencia en mi ministerio he visto el fervor de mis hermanos al orar por enfermedades incurables. Y hemos visto como el Señor ha respondido de manera sorprendente y única a oraciones que la Iglesia a hecho por tumores en el cerebro, hijos lejos del Señor, y sobre todo que las personas conozcan al Señor a pesar que todo indicara lo contrario.

La clave nos la dió el Señor en dos hermosos versículos: "Pedid y se os dará; buscad, y hallaréis; llamad, y se os abrirá. Porque todo el que pide recibe,; y el que busca, halla; y al que llama se le abrirá." Mateo 7:7,8. Ten la seguridad que El mismo que dijo estás palabras, será el que te da, elque te guíará a hallar la salida, y el que te abrirá la puerta. Que el Señor te bendiga.

Encuentro 18

No importa donde te encuentres y en que estado te encuentres. El amor de nuestro Señor Jesucristo es tan grande, que buscará sin importar la profundidad del pozo en que te hayas metido. El entrará al mismo lodo senagoso, tomará tú lugar y te rescatará.

RESCATE EN SANTIAGO

"El que rescata del hoyo tú vida." Salmo 103:4

He predicado en diferentes cruzadas, y cada una ha sido una experiencia diferente, pero la cruzada que prediqué en Santiago de Chile desde mi llegada al aeropuerto estuvo marcada de cosas especiales que haría que esta ciudad ocupara un lugar muy especial en mi corazón. Llegué a la ciudad en un avión cargado de peruanos que iban a ver el partido de futbol Perú-Chile, para las eliminatorias del mundial. Al llegar había un grupo numeroso de personas esperando por alguién, miraban hacia la salida de la aduana de donde provenían los que llegaban en avión. Mi esposa, mi hija menor y yo, habíamos salido de la aduana antes que esta avalancha de personas llegara al aeropuerto, todos miraban un papel y luego miraban a la puerta. Mientras estabamos sentados en un lado del aeropuerto, esperando que nos recoja alguien de los encargados de la cruzada, nuestra curiosidad crecía en torno a esta gran cantidad de personas y a quien estaban esperando. ¿Será un cantante? ¿Un jugador de futbol?. Nuestra curiosidad fue más grande que nuestro cansancio, eran las 6 de la mañana y habíamos volado casi toda la noche, así que nos paramos llendo en dirección del grupo con un carrito cargando nuestras maletas. Cuando una niña volteó nos vió y señalándome dijo: "miren alli está", todos voltearon hacia mí y a una voz gritaron a unísono: "¡si, es él!. Me alcanzaron y me comenzaron a abrazar, saludar y dar besos, diciéndome: "bienvenido, hermano".

El papel que tenían en la mano era un volante que habían hecho con la foto que los organizadores de la cruzada me habían pedido con anterioridad. Después que entendimos que eran hermanos que participaban en la cruzada, volvimos de nuestro asombro y escuchamos palabras de bienvenida, la presentación de mi esposa y de mi hijita, que estaba totalmente avergonzada.Mi hijita, nunca pensó que alguien la iba a recibir así en su vida. Si supiera, que su papá tampoco. Pero allí no terminó nuestras sorpresas, habían hecho también un poster grande con mi foto, y la habían pegado en los carros. Que tal organización y ganas que sepan que en la ciudad se iba a presentar el mensaje de salvación, exaltando el nombre de Jesús.

Comenzó la cruzada y las bendiciones del Señor, un pueblo mantenido en oración para que el Señor toque a su ciudad con su mensaje de liberación. Durante la cruzada pasó algo curioso, unas hermanas se me acercaron y me pidieron que las acompañe a visitar a una señora que estaba enferma, postrada en la cama, y sin poder caminar por más de un mes. Digo, curioso, porque generalmente en las cruzadas lo único que hago es predicar, la consejería y la predicación se las dejo a los pastores, que conocen mejor a su gente. Fue tanta la insistencia de estas hermanas que no me quedó otra salida que acompañarlas en la visitación. Fuimos después de la prédica, la cual terminó a las 11pm.

A esas horas de la noche, estaba caminando yo con tres hermanas, en el corazón de Santiago. Fueron ocho cuadras más o menos las que caminamos, en el camino me contaron que se trataba de una estilista, persona que corta el pelo y hace peinados a las señoras, y como no podía permanecer de pie había tenido que cerrar su negocio. Al llegar a la casa me encontré con la sorpresa que la señora era amante de los gatos, y yo soy alérgico a ellos. Apenas veo un gato comienzo a estornudar, no se si es el olor, o los pelos, o alguna sustancia que ellos desprenden. El caso es que no puedo estar cerca a ellos por mucho tiempo. Cuando entré a la casa la señora efectivamente estaba postrada en la cama, con una cantidad de gatos que nunca había visto en mi vida juntos. "Achú, perdón" fueron mis primeras palabras. Les pedí a las hermanas que fueran a orar al otro cuarto mientras hablaba con la señora. No pensando más en los gatos, gracias a Dios.

Comencé a escuchar su más íntimos deseos de recuperase y los dolores que tenía. El Señor puso en mi corazón leerle la Biblia y explicarle el evangelio. Ella pensaba que yo le iba imponer las manos y orar por ella, como era la costumbre, pero yo le estaba leyendo pasajes de la Biblia. Conforme leía una porción bíblica, algo pasaba, tanto en ella como en mí, sentíamos algo diferente. Yo, ya no estornudaba y ella, comenzaba a tener sollozos de arrepentimiento. "Si Señor, yo nunca me he acordado de tí" decía, "He pecado contra tí, y yo misma he dañado mi cuerpo", en eso abrió un cajón de la mesa de noche y sacó un paquete grande con diez cajetillas de cigarros, y me dijo "esto me está matando", movió el brazo debajo de

la cama y sacó un botella de licor, y me dijo "esto
me está enviciando", así comenzo a limpiar todo lo
que estaba cerca a su alcance, estatuillas, artefactos
de brujería y aun remedios de curanderos.

Todo esto pasaba mientras yo leía la palabra de
Dios. Hasta que llegamos al Salmo 103: *"Bendice,
alma mía, a Jehová, y bendiga todo mi ser su santo
nombre. Bendice, alma mía a Jehová, y no olvides
ninguno de sus beneficios, Él es quien perdona todas
tus iniquidades, Él que sana todas tus dolencias;
el que rescata del hoyo tú vida, el que te corona de
favores y misericordias; el que sacia de bien tú boca, de
modo que te rejuvenezcas como el águila."*

Al terminar le dije "Esto es para tí mi querida
hermana, ahora oremos para que el Señor te levante
y puedas salir del hoyo donde estás". Ella me dijo:
"ore para que pueda caminar." Yo le respondí
algo que hasta ahora no se porque y como lo dije:
"Mañana es el último día que yo predico en la
cruzada, es a ocho cuadras de aquí, propóngase
ir que el Señor la sanará", me respondío que no
tenía quien la llevara y me despedí diciéndole:
"Usted irá".

Llego la hora en que empezaba la cruzada. Ya
iba a empezar a predicar cuando el pastor que
conducía la sesión, pidió que todos los visitantes

se pusieran de pié y dijeran sus nombres y quien lo había invitado. Yo no veía a los que se levantaban, pero podía escuchar las voces, ya que estaba en la mezanine (segundo nivel) bien atrás, donde permanecía hasta que me tocaba predicar. Después de varias visitas, escuché que una señora decía su nombre, y al preguntarle el pastor ¿quien la había invitado? ella respondió: "El señor que va ha predicar fué anoche a mi casa y me dijo que si yo me proponía venir a escuchar la Palabra de Dios, Él me iba a sanar, yo no había caminado por un mes, y hoy día caminé ocho cuadras para venir a escuchar que es lo que quiere Dios que yo haga" Yo estaba totalmente emocionado y la gente aplaudía a la hermana y lo que el Señor había hecho en ella.

Aquella noche, estubo llena de la presencia del Señor, muchos se entregaron a Él, y una de las primeras en pasar, hasta ahora puedo contemplar su rostro con una expresión como que me dijera ¡aquí estoy! era esta hermana que Dios le había devuelto su salud.

"EL ES QUIEN PERDONA TODAS TUS INIQUIDADES, EL QUE SANA TODAS TUS DOLENCIAS; EL QUE RESCATA DEL HOYO TU VIDA, EL QUE TE CORONA DE FAVORES Y MISERICORDIAS; EL QUE SACIA

DE BIEN TU BOCA, DE MODO QUE TE
REJUVENEZCAS COMO EL ÁGUILA."

Esto es lo que dice el salmo 103, si bien este rescate
de Dios sucedió en Santiago, también puede
suceder en tú vida, lee de nuevo lo que dice el
salmo 103, y dile al Señor que lo necesitas para tí,
verás que el va a tú rescate.

Que el Señor te bendiga.

Esto pasa con muchas personas, escuchan que alguien les comparte el evangelio y piensan que no es para ellos. Al contrario les molesta y muchas veces hasta les aburre que alguien le hable de Dios. Pero he descubierto que Dios no despedicia ningún segundo. Lo que escuchas hoy día seguro que lo utilizarás mañana. Sin darnos cuenta, Dios nos prepara para lo que tengamos que enfrentar después.

REGRESANDO A CASA "Me levantaré e iré a mi padre, y le diré: Padre, he pecado contra el cielo y contra tí" Lucas 15:18

Desde que conocí al Señor Jesús como mi Salvador y Señor, yo consideraba que cualquier oportunidad era buena para hablar de esta experiencia en mi vida. No sólo estaba contento con lo que había pasado sino que también quería que todo el mundo lo supiera. Un día, llendo a la tienda a comprar algo, ví a un muchacho sentado en el suelo, parecía que estaba dormido, era muy raro ver esto en el vecindario, me acerqué a ver quien era, y era nada menos que Rubén, un muchacho que tenía problemas con drogas y parecía que estaba bajo la influencia de ellas. Le pregunté si lo podía ayudar, y al mirarme me dijo: ¡ah, el religioso!, hizo una pausa y prosiguió: "No necesito que nadie me ayude, vete con tú santidad a otro lado."

No pude ayudarlo esa vez, pero le dije que me buscara cuando quisiera. Rubén siguió en su camino de diversión sin reservas, dañando cada día más y más su salud. Otro día lo encontré muy alegre haciendo chistes para todos en la esquina donde quedaba la tienda, en la que lo había encontrado pocos días antes tirado en el suelo. Varios jóvenes le festejaban todo lo que decía. Al verme venir, comenzó a decirme muchas cosas tratándo de burlarse de mí: ¡San Douglas, ¿donde está tú biblia?, ¿por qué no la leemos juntos?" todos se reían, y yo también. "Algun día la vas a necesitar Rubén, ese día acuérdate que mi invitación sigue en pie. Tú conoces mi casa, no te arrepentiras de hacer lo mismo que he hecho yo," estas fueron las últimas palabra que le dije. Todos se reían de las muecas que él me hacía, mientras yo regresaba a mi casa.

A los pocos días Rubén estaba desesperado. Sus padres, sabiendo lo mal que se comportaba le cancelaron todo dinero, que le daban para sus gastos diarios. Por lo que no podía comprar la droga como estaba acostumbrado. Por lo cual decidió tomar el asunto de una manera diferente, en lugar de comprar la droga decidió distribuírla, y viajó a Colombia a hacer unos contactos. Ya en las carreteras de Colombia, el ómnibus en que viajaba fue interceptado por un grupo guerrillero. Los cuales hicieron bajar a todos los pasajeros y le pidieron identificarse a cada uno; cuando le tocó su turno a Rubén, leyeron en su identificación que era peruano hijo de un militar de alto rango, lo que pensaron que sería un buen elemento para pedir un fructífero rescate. Sin saber el dolor de cabeza y vergüenza que Rubén era para su familia.

Lo llevaron a una casa retirada de la ciudad, donde a él lo encerraron en un cuarto lleno de libros, en el cual coincidentemente encontró un nuevo testamento. Rubén abrió la Biblia y la comenzó a leer y en su desesperación comenzó a orar y a pedirle a Dios que lo librara de esto. Al poco rato llego una mujer con un rifle y en un lenguaje rudo, le dio la noticia que su familia no estaba dispuesto a pagar el recate, y que el jefe de ellos había decidido matarlo. Al salir la muchacha del cuarto, Rubén se tiró al suelo y de rodillas hizo la siguiente oración: "Señor si me sacas de esto, lo primero que haré será ir a la casa de Douglas a que me hable de Tí y me enseñe la Biblia." Seguía hablando cuando entró otra vez la misma mujer, la cual le abrió la puerta y le dijo: "Sal corriendo por atrás, y no pares hasta llegar a un pequeño pueblo y pide allí que alguien te ayude." Rubén no la pensó dos veces y salió corriendo hasta el pueblo vecino, en donde pidió ayuda y llamó a su padre por teléfono, pidiéndole perdón y que por favor mandara por él. Su padre así lo hizo y al poco tiempo Rubén llegó en avión a Lima.

Al llegar a su casa donde sus familiares lo esperaban, se excusó por un momento y fue corriendo hacia mi casa, donde tocó con fuerza la puerta. Al abrir la puerta vi con gran sorpresa a Rubén y más sorprendido me quedé cuando lo escuché decir: "Douglas, dime todo lo que sepas del Señor y su Palabra." Ese mismo día Rubén aceptó a Jesús como su Señor y Salvador. Él cumplió con su promesa que al volver lo primero que iba a hacer era aprender del Señor. Y el Señor lo recibió como siempre ha recibido en toda la historia a sus hijos pródigos.

Hay muchas personas que están pasando por problemas como Rubén, y lamentablemente no quieren buscar a Dios hasta que ven que sus vida están totalmente desperdiciadas o no tienen salida. Y así como el hijo prodigo dijo volveré a la casa de mi padre, y así como Rubén lo hizo también, tú también lo puedes hacer ahora mismo. No tienes porque esperar a que tú vida llegue a una situación de desesperación. Rubén, que había abandonado la escuela, volvió y se graduó con buenos grados no sólo eso sino que llegó a ir al seminario. Cuando hay arrepentimiento, hay gozo, hay reconciliación, hay revindicación y hay perdón. Haz como el hijo prodigo, haz como Rubén, haz como un día hice yo ven a la casa del Padre y goza de su presencia y amor.

Hay personas que no necesitan hablar de Dios, ya que sus vidas son el mismo reflejo de Él. Espero que después de leer esta historia tú seas una de ellas.

HAZ Tú LUZ BRILLAR *"Levantándose entonces Pedro, fue con ellos; y cuando llegó, le llevaron a la sala, donde le rodearon todas las viudas, llorando y mostrando las túnicas y los vestidos que Dorcas hacía cuando estaba con ellas" Hechos 9:39*

Se me acercó una hermana y me dijo: "Pastor yo no tengo las palabras suficientes para compartir mi fé." Yo le contesté: "Hermana lo que menos necesitamos usted y yo son palabras, la luz no habla, la luz brilla; la sal no es una experta comunicadora, lo único que hace es sazonar. Y eso es lo que somos nosotros, la luz y la sal del mundo. Lo que usted tiene que aprender es a "brillar" y a "darle sabor" a las circunstancias que le rodean, generalmente los que hablan mucho y señalan con el dedo, traen dolor y penumbras, en lugar de paz y luz." Me acordé lo que decía la esposa de un pastor muy querido: "Predica en todo tiempo con toda tú fuerza y si es necesario aun, ¡habla!".

Las palabras que le dije a la hermana no quedaron en el aire, durante varios días seguidos continuaba diciéndome que le enseñara a brillar en el Señor. En la biblia se nos enseña que a un cristiano lo podemos conocer por sus frutos, del punto de vista positivo esto es algo grande, pero esto también implica que si usted no tiene frutos nadie podrá saber que usted es cristiano. Santiago, el hermano del Señor era mucho más claro y decía: "yo te mostraré mi fé por mis obras.". De ese tipo de creyentes era Dorcas, a ella no se le atribuye ninguna palabra, pero si muchas personas hablando de ella. La misma Biblia la describe de una manera muy simple: "Esta abundaba en buenas obras y en limosnas que hacía." Cuando Dorcas falleció hubo gran pesar , y le rogaron a Pedro que vaya a orar por ella. Para convencer a Pedro no fueron con cartas de recomendación, ni discursos especiales; simplemente, dice la biblia que "le rodearon todas las viudas, llorando y MOSTRANDO las túnicas y los vestidos que Dorcas hacía cuando estaba con ellas." Debe haber sido tan importante el trabajo de esta hermana que el Señor a través de Pedro la levanto de su descanso eterno.

Tú no tienes que ser un experto orador. El conducirte de acuerdo al Señor y el andar en las obras que El preparó de antemano serán la mejor estrategia evangelística que pudieras hacer. Cuando vine a trabajar a la Iglesia Bautista West Hialeah, conocí aun hermano que tenía estas características, él fue el hermano que me llamó para invitarme a ser el Pastor de la Iglesia. Era un hermano que siempre le gustó ayudar a los demás, en su corazón estaba el ser un siervo al servicio del Señor. Él empezó el ministerio de dar comida a los necesitados, con su hijo preparaban cientos de sandwiches, e iban al centro de la ciudad a darle de comer a los homeless (personas sin casas donde vivir). En este momento el ministerio que este hermano comenzó lleva su nombre "Edilio Ruano, Food Distribution Center" el está en la presencia del Señor y su viuda, Lázara, continúa su ministerio el cual provee alimentos para 200 familias mensualmente.

Todo esto suena como si no fuera algo extraordinario, fuera de lo normal, pero cuando yo conocí a Edilio y el ministerio estaba en pleno auge, él ya había pasado por siete infartos, tres by pases en el corazón, siete cateterismos, tres ensanches de arteria, un by pass en la pierna, y le habían cortado los dedos del pie. Con todo esto él no descansaba ningún día, su corazón estaba remendado pero lleno de la gracia de Dios. Hacía cosas que para otros sería imposible conseguir. Un día, llevó a todo el equipo de football americano de los Miami Dolphins para que regalaran pavos por el día de acción de gracias a los necesitados. Las obras de este hermano hablaron y siguen hablando, el Señor ha dado hermosos frutos a través de él. Personas que estaban desperdiciando su vida en vicios, al ver a este hermano con la salud tan mermada, trabajando con todas sus fuerzas para darles un poco de comida, reflexionaban y se entregaban totalmente al Señor. Músicos que han llegado ha ser ministros de música en las iglesias, pasaron por este ministerio, aun pastores son testigos de lo que Dios puede hacer cuando hay un corazón dispuesto a mostrar su fé a través de las obras que Dios produce en uno.

Tal vez seas tú el próximo, tal vez seas tú la nueva Dorcas o el próximo Edilio, lo único que tienes que hacer es dejar tú luz brillar. Acuérdate PREDICA A TIEMPO Y A DESTIEMPO Y SI ES NECESARIO AUN, HABLA.

Encuentro 21

Siempre hay que estar preparado para obedecer la voz de Dios, aún si es a medianoche.

HEME AQUÍ, ENVÍAME A MÍ "*Después oí la voz del Señor, que decía: ¿A quién enviaré, y quién irá por nosotros?. Entonces respondí yo: Heme aquí, envíame a mí.*" Isaías 6:8

Eran las 12 de la noche, estaba de rodillas orando y clamando al Señor, para poder entender mejor su voluntad. Estaba leyendo su Palabra, y meditaba en ella, pero en ese momento necesitaba una dirección específica, de lo que yo debería hacer. Esperé y esperé por una voz que me dijera claramente lo que detalladamente debería hacer en la ciudad que me encontraba, pero no escuché nada. Estaba soltero y había muchas cosas por hacer en la obra. Estaba en plena ceja de Selva, hermosos paisajes, y clima variado. Mucho calor un día y a veces mucho frío en la noche el otro día. Un tiempo sin lluvia por semanas, otro tiempo con lluvia por meses sin parar. Esa noche estaba en el tiempo de mucha lluvia, afuera era un lodazal, difícil aún de caminar, nadie se atrevía a salir, nadie quería ensuciarse o terminar sumergido en los pozos de lodo que se formaban.

La luna era llena y aun se podía ver claramente a través de la densa lluvia. Con la ayuda del sonido de las gotas de la lluvia, yo estaba cayendo rendido en un sueño profundo. Poco después de haberle pedido al Señor que me hablara claramente sobre lo que debería hacer en ese pueblo. Mis ojos se cerrarón en medio de una hermosa armonía.
De pronto sentí en mi sueño que alguién me despertaba, y realmente me desperté. Un poco confundido, y trate de volver a dormir, lo cual no pude hacer. Entonces entró en mi un gran deseo de ir afuera. Deseo que no se me quitaba, tan fuerte fue, que le pregunté al Señor, si era Él el que estaba poniendo ese deseo en mí. Y si era Él por favor que me lo quitara, ya que era bien tarde, y debido al lodo casi era imposible caminar.

Pareciera que el Señor apretó aun más mi corazón, no me quedó otra cosa que salir. Allí afuera lo único que ví fue agua y barro, y de pronto cambió el deseo de mi corazón. Ya no era el de salir, sino el de caminar, por lo cual otra vez le pregunté al Señor, ¿eres tú Señor?, igual que antes apretó otra vez mi corazón y me puse a caminar en medio del lodazal. Shaplash, Shaplash, era el sonido que emitían mis pisadas, dentro de mí pensaba que sólo a un loco se le ocurriría despertarse de un sueño tan rico y profundo y salir a caminar en plena lluvia y barro. Pero para el Señor era todo diferente, yo no era un loco era un siervo que estaba obedeciendo. ¿Tú dirás? ¿Cómo es que llegué a esa conclusión de pasar de loco a siervo de Dios?

A los pocos pasos que había dado, a lo lejos, gracias a la hermosa luna llena, ví un bulto en el suelo que me llamó la atención y por lo cual apuré mis pasos. Conforme me acercaba lo distinguí mejor, era una persona que yacía boca abajo, con la cara metida en un charco de agua. Corrí hacia él, e inmediatamente lo volteé boca arriba y comenzó a tocer. Era un hermano que asistía a la iglesia, su aliento era puro alcohol, el hermanito se había mandado tremenda borrachera, y camino a su casa había caído en este charco de lodo. Sabiéndolo el Señor, había buscado un siervo dispuesto a levantarse y salir a caminar en la lluvia, al sólo escuchar esa voz divina que aprieta el corazón y nos guía siempre para rescatar a una oveja perdida.

Tremenda lección que aprendí, el Señor nos habla a diario, a través de su Palabra y con voz clara que escucha nuestro corazón. La cosa es obedecerlo y ver la mano de Dios. No es una voz al año, al mes o cada domingo, es una voz diaria que te guía de gloria en gloria. Para seguirlo escuchando se necesita de una condición, estar dispuesto a obedecer. Isaías lo puso de otra manera el dijo: "Después oí la voz del Señor, que decía ¿A quién enviaré, y quién irá por nosotros? Entonces respondí yo: Heme aquí, envíame a mí." Desde ese día Isaías no dejó de escuchar la voz de Dios, siempre fue guiado por ella, y siempre la obedeció.

Ten la plena seguridad de que si dispones tú corazón a oír la voz de Dios y a obedecerla, tú la escucharás y andarás en sus caminos y entenderás lo que el apóstol Pablo quizo decir con: *"Más a Dios gracias, el cual nos lleva siempre en triunfo en Cristo Jesús, y por medio de nosotros manifiesta en todo lugar el olor de su conocimiento."* 2Corintios 2:14. Si crees que Dios te ha hablado hoy y te está llamando, haz esto: dícelo a alguien, llama a tú pastor, dícelo a tú esposa, a tus amigos y hermanos es la mejor manera de decirle al Jesús: HEME AQUÍ SEÑOR.

No importa de donde vienes, y cuales son tus calificaciones. Lo que importa es que en la manos del Señor tú puedes ser una diadema. *Él logrará que se cumpla el propósito por el cual tú has sido llamado. El te prepará y te guíara. Al mirar atrás veras que todo fue la obra de Dios.*

RESCATE EN LA SELVA PERUANA "Así será mi Palabra que sale de mi boca; no volverá a mi vacía" Isaías 55:11

Es impresionate el calor que sientes cuando bajas del avión. La selva peruana, si que es un lugar cálido y de igual manera son sus habitantes, muy amigables y siempre con la sonrisa en sus labios. Lagos hermosos, ríos inmensos, y vegetación abundante. Dentro de esta selva hay muchos grupos de nativos que viven en tribus, en contacto directo con la naturaleza, donde por año el único avance tecnológico que han presenciado son los aviones que ven pasar por el aire a gran distancia. En una de estas tribus, pude observar lo que la mano de Dios y sus siervos pueden lograr en personas con un sistema de vida tan simple, pero llenos de sabiduría en reconocer su medio ambiente y usarlo para beneficio propio.

Estos nativos son afectados muchas veces por enfermedades traídas por el avance de la civilización y el contacto con la población. Es por ésto que surgió la necesidad de orar por médicos que atendieran a los enfermos en tan remotos lugares. Todas las oraciones iban dirigidas a que el Señor tocara médicos de las grandes ciudades, para que en gran sacrificio dejaran todas sus comodidades, y vinieran a hacer labor misionera en lo que ellos llamaban los confines de la tierra. Ellos tenían la seguridad de la sinceridad de sus ruegos, y tenían también la certeza que el Señor escuchaba.

Pero con el tiempo, y la práctica en la oración habían aprendido a poner la necesidad en las manos del Señor, pero nunca indicarle como traer la solución al problema. Nunca se habían podido imaginar como Él lo haría. El siempre respondió, pero nunca en la manera que uno se imaginaba. Cuando se dieron cuenta de esta verdad dejaron de clamar por los hermanos en el extranjero o grandes ciudades, y comenzaron a rogarle al Señor que lo hiciera a su manera, teniendo la seguridad que Él ya sabía de su necesidad. Creo que el cambio en el ruego fue tomado en serio, sino, no le hubieran prestado ninguna atención a la niña de 15 años, que al día siguiente después de un momento de oración, les comunicó que deseaba en su corazón ser médico.

Una niña de quince años, sin zapatos y con ropas ligeras como se estila en las tribus. Con la cara pintada y llena de collares hechos a mano. La niña casi joven, daba señales de haber sido tocada por el Señor y de hablar seriamente de lo más profundo de su corazón. Se puso todo el énfasis necesario en su educación. A los pocos años esta niña viajaba para inscribirse en la Universidad San Marcos en Lima, no sólo esto sino que viajó a Alemania a seguir unos cursos de especialización, sorprendiendo a todo el mundo cuando a los tres meses ya hablaba fluídamente aleman.

Me encontré con la doctora en Lima, ella era todo sonrisa y gozo, que sólo podría venir del Señor. Estaba lista para regresar a su lugar de origen a trabajar con sus hermanos de sangre, que tanto necesitaban de ellos. Nunca podré ovidar esta respuesta del Señor. La cual confirma que en la oración lo único que me toca a mí es el poner delante de los pies del Señor la necesidad; *el cómo, y cuándo pertenecen a Él*. El profeta Isaías lo puso de esta manera: *"Porque mis pensamientos no son vuestros pensamientos, ni vuestros caminos mis caminos, dijo Jehová. Como son más altos los cielos que la tierra, así son mis caminos más altos que vuestros caminos, y mis pensamientos más que vuestros pensamientos. Porque como desciende de los cielos la lluvia y la nieve, y no vuelve allá, sino que riega la tierra, y la hace germinar y producir, y da la semilla al que siembra, y pan al que come, así será mi palabra que sale de mi boca; no volverá vacía, sino que hará lo que yo quiero, y será prosperada para aquello que la envié"* Isaías 55:8-11. La necesidad puede ser grande, y nuestros ruegos insistentes, pero la solución siempre vendrá de Dios y tú ni te la puedes imaginar. Pero ten la seguridad de que Él te escuchará. Y no sólo eso sino que Él hara. Espera en el Señor, Él está actuando en este momento. Que Dios te bendiga.